APAISER SON ENFANT

OUVRAGES DE T. BERRY BRAZELTON
PUBLIÉS EN FRANÇAIS

La Naissance d'une famille, ou comment se tissent les liens, Stock, 1983.

Trois Bébés dans leur famille, Laura, Daniel et Louis : les différences du développement, Stock, 1985.

À ce soir... Concilier travail et vie de famille, Stock, 1986.

L'Enfant et son médecin, Payot, 1986.

T. Berry Brazelton vous parle de vos enfants, Stock, 1988.

Familles en crises, Stock, 1989.

Les Premiers Liens, Calmann-Lévy, 1991.

Points forts, vol. 1 : *Les Moments essentiels du développement de votre enfant*, Stock, 1993.

Allons chez le docteur, Odile Jacob, 1997.

Écoutez votre enfant : comprendre les problèmes normaux de la croissance, Payot, 2001.

Ce qu'un enfant doit avoir : ses sept besoins incontournables pour grandir, apprendre et s'épanouir, Stock, 2001.

Points forts, vol. 2 : *De trois à six ans : le développement émotionnel et comportemental de votre enfant*, Stock, 2002.

Votre enfant et son sommeil, Fayard, 2004.

Votre enfant et la discipline, Fayard, 2004.

T. Berry Brazelton
Joshua D. Sparrow

Apaiser son enfant

Traduit de l'anglais (États-Unis)
par Marie-France de Paloméra

Fayard

Titre original :
Calming Your Fussy Baby.
The Brazelton Way
Édité par Perseus Publishing, Cambridge, Mass.

Pour les enfants et les parents
qui nous ont tant appris au fil des ans.

Ce livre vient non pas remplacer, mais compléter les conseils du pédiatre de votre enfant. Il ne doit en aucun cas se substituer à son suivi médical indispensable. Ses auteurs ont veillé à présenter une information correspondant à l'état des connaissances au moment de sa publication. Cependant, à la lumière des recherches en cours et de l'apparition continue d'apports inédits, il est possible que de nouvelles découvertes invalident les données présentées ici. Avant tout traitement ou nouveau programme, vous devez consulter votre pédiatre sur l'état de santé de votre enfant, les symptômes qu'il présente, le diagnostic posé et le traitement préconisé.

SOMMAIRE

PRÉFACE

À compter du jour où a paru le premier ouvrage de la collection « Touchpoints » (en français : « Points forts »), en 1993, des parents et des spécialistes de tout le pays m'ont demandé avec insistance et persévérance d'écrire de petits guides pratiques sur les difficultés auxquelles sont couramment confrontés les parents dans l'éducation de leurs enfants. Parmi les plus habituelles figurent les pleurs, la discipline, l'endormissement d'un bébé ou d'un enfant, autant de sujets que nous abordons dans cette collection intitulée « La méthode Brazelton »[1].

Depuis que j'exerce la pédiatrie, les familles m'ont appris que ces difficultés étaient souvent prévisibles et surgissaient au rythme du développement de l'enfant. Dans ces petits livres, j'ai essayé de

1. Deux autres titres de cette collection paraissent chez Fayard parallèlement au présent ouvrage : *Votre enfant et son sommeil* et *Votre enfant et la discipline*.

répondre aux problèmes de pleurs, de discipline et de sommeil auxquels ne peuvent échapper les parents lorsque leur enfant régresse juste avant de passer à un palier supérieur de son développement. Chacun d'entre eux décrit l'un de ces moments essentiels et vise à permettre aux parents d'aider leurs enfants à maîtriser les obstacles qu'ils rencontrent dans ces domaines afin de poursuivre leur parcours.

Comme dans le deuxième volume de la collection «Points forts»[1], j'ai demandé au Dr Joshua Sparrow, co-auteur des trois guides, d'ajouter son point de vue de pédopsychiatre. D'une façon générale, ces livres examinent les centres d'intérêt et les possibilités des six premières années de la vie, en évoquant au besoin des points concernant des enfants plus âgés. Le dernier chapitre de chacun d'entre eux aborde des problèmes particuliers, même si ces petits ouvrages ne sont pas destinés à les traiter à fond, pas plus qu'ils ne se substituent au diagnostic ou au traitement médical direct. Nous souhaitons qu'ils constituent des

---

1. *Points forts*, vol. 2 : *De trois à six ans : le développement émotionnel et comportemental de votre enfant*, Stock, 2002.

guides faciles à utiliser et vers lesquels les parents pourront se tourner lorsqu'ils seront confrontés aux difficultés de croissance de leurs enfants ou à ces « points forts » qui signalent des moments essentiels et passionnants de leur développement.

Bien que courantes et prévisibles, des difficultés comme les « coliques » ou les pleurs excessifs, les réveils au milieu de la nuit ou les colères, exigent beaucoup des parents. Les problèmes de cette nature sont pour la plupart passagers et sans gravité. Toutefois, ils peuvent peser d'un poids trop lourd sur une famille si elle manque de compréhension et de soutien, et faire gravement dévier le développement de l'enfant. Nous espérons que l'information simple et directe dispensée dans ces ouvrages contribuera à éviter ces déraillements inutiles et rassurera les parents dans leurs périodes de doute afin de raviver chez eux, même dans ces moments difficiles, l'enthousiasme et la joie d'aider un jeune enfant à grandir.

1.

LE LANGAGE DE VOTRE BÉBÉ

Votre bébé communique

Les jeunes parents prêts à rentrer chez eux avec leur nouveau-né me demandent presque toujours : « Comment savoir ce que ce bébé attend de nous ? Ce qu'il veut et ce dont il a besoin ? »

Je leur réponds : « Apprenez à l'observer. Son comportement vous guidera. Quand il aimera ce que vous ferez, tout son corps vous le dira. Il gigotera, son visage s'illuminera, ses bras et ses jambes se tendront vers vous. Dans le cas contraire, il vous l'exprimera de façon tout aussi évidente. Il se raidira, détournera la tête et commencera à s'agiter ou à pleurer. Les bébés vous donnent des indications claires ; à vous d'y être attentif(ve).

– Mais comment saurons-nous ce qu'il ne faut pas faire ?

– Vous ne le saurez pas. Apprendre à être parent, c'est tirer la leçon de ses erreurs. On apprend bien plus par les erreurs que par les succès. »

Comme tous les parents tiennent à « faire ce qu'il faut », le meilleur conseil que je puisse leur donner est d'apprendre le langage de leur bébé. Son comportement est sa façon de communiquer.

L'échelle d'évaluation du comportement des nouveau-nés que j'ai établie (la *Neonatal Behavioral Assessment Scale*, ou NBAS[1]) permet, y compris aux parents, de « décoder » le comportement du bébé. En observant – avec une personne formée à cette évaluation – les réactions du nouveau-né aux sensations visuelles, auditives et autres, et en le regardant passer du sommeil au plein éveil, les jeunes parents découvriront de nombreux traits de sa personnalité ou de son tempérament. Une infirmière spécialisée, un médecin ou tout autre professionnel de la santé mettra ainsi en évidence ses compétences stupéfiantes afin d'aider

1. Voir le site Internet www.brazelton-institute.com pour une nouvelle version plus condensée, la CLNBAS.

des parents vigilants à déterminer comment s'y prendre avec leur bébé tout neuf. Mon échelle d'évaluation leur permettra de voir leur nouveau-né se fermer aux sensations qui le perturbent, s'éveiller progressivement et réagir à une crécelle, à une boule rouge, à un visage. Ils sauront à quoi s'attendre et quel comportement ils parviendront à mettre en place – quand nourrir le nouveau-né, quand le laisser dormir... Dès les premiers jours, ils commenceront à comprendre comment des bébés différents réagissent au monde – les bébés calmes et sensibles, les bébés très actifs, débordant d'énergie, et les bébés «moyens[1]», c'est-à-dire se situant entre les deux.

Quand on leur donne l'occasion de constater la diversité de ces comportements dans la salle des nouveau-nés, les parents prennent conscience que leur bébé est une personne. Cette observation les guidera quand ils s'attelleront à la tâche chez eux, avec leur nouveau-né. La durée d'hospitalisation est si courte aujourd'hui – elle se réduit le plus souvent au travail et à l'accouchement – que les futurs parents devraient prévoir une séance d'initiation et en faire la

1. Sans aucune connotation péjorative.

demande. Les jeunes parents brûlent de connaître leur nouveau bébé. Leur histoire d'amour débute très tôt. À présent, ils peuvent commencer à adapter leurs attentes et leur expérience de la vie à l'individualité de leur bébé en tant que personne.

Les cris et les pleurs du nouveau-né

Les cris et les pleurs sont le mode de communication le plus puissant dont dispose le nouveau-né. Aucun autre signal ne mobilise les parents avec autant d'efficacité.

Le nouveau-né annonce son arrivée par un cri. Ce premier cri a de nombreuses fonctions :

- il ouvre les poumons et les « met en marche » ;
- il facilite l'évacuation du fluide présent dans les voies respiratoires du bébé pour lui permettre d'absorber l'oxygène ;
- il est un élément important de la réaction de stress du nouveau-né qui met en place les conditions de sa survie hors du corps maternel.

Le premier cri s'accompagne d'un énorme tressaillement. Les jambes et les bras battent l'air. Ces réactions mobilisent l'attention de tous ceux qui assistent à l'accouchement. Le visage du bébé se plisse comme pour dire : «Je suis là! Occupez-vous de moi!»

À partir de cet instant, cris et pleurs prennent un sens spécial pour les parents et pour les personnes qui s'occupent de ce petit bébé. Qui peut entendre un nouveau-né pleurer sans sentir son cœur s'accélérer, sans éprouver le besoin pressant de le prendre dans ses bras et de le réconforter? Cette réaction «instinctive» est inscrite en chacun de nous : protéger et nourrir le membre le plus petit, le plus vulnérable de notre espèce.

Répondre aux exigences qu'expriment les cris et les pleurs du nouveau-né est l'un des premiers défis que les nouveaux parents aient à relever. A-t-il faim? Est-ce que quelque chose le gêne? A-t-il besoin d'être changé? Est-il fatigué? S'ennuie-t-il? Peut-être qu'il souffre? Autant de points d'interrogation qui déclenchent une «réaction d'alarme» chez les jeunes parents et les obligent à chercher une solution.

Les sourires

Le fœtus «souriait» dans l'utérus, avant même de naître. Ou peut-être grimaçait-il.

Lorsque nous observons des fœtus de sept mois à l'échographie, nous voyons leurs lèvres s'ouvrir dans un sourire, mais sans que le reste du visage se modifie. Cela se produit quand le fœtus passe d'un état de sommeil profond à un état de sommeil plus léger. Rien de surprenant, donc, à entendre les parents dire que leur nouveau-né sourit lorsqu'il commence à s'éveiller ou s'endort. Ce sourire ou cette grimace semble être une réaction à la transition veille-sommeil, une réaction que les parents extasiés vont renforcer par leur réponse positive immédiate. Naturellement, la réponse parentale récompense le bébé, qui tendra à répéter ce comportement.

Au cours du premier mois, le sourire commence à apparaître dans plusieurs types de situations. À mesure que le visage et les yeux du bébé deviennent plus mobiles et commencent à bouger en coordination avec la bouche, les parents s'exclament : « Regarde-le ! Il essaie de faire un sourire ! » Ils le prennent dans leurs bras, le câlinent, le caressent, lui gazouillent des tendresses pour en obtenir un autre. Avant même que l'on puisse attendre un « vrai » sourire du bébé, vers quatre à six semaines, ils préparent le terrain. À six semaines, le bébé sourit en réponse aux sollicitations vocales et aux câlins de ses parents. C'est alors un mode de communication attendu. Lorsqu'un bébé sourit, ses parents défaillent presque de plaisir. S'ils réagissent trop vivement, son sourire s'effacera. En revanche, s'ils lui parlent doucement ou le tiennent tendrement dans leurs bras, le bercent ou lui chantent une chanson douce, ils renforceront la dimension sociale positive de son sourire. Le bébé apprendra très vite que c'est pour lui une autre façon d'attirer les personnes importantes de sa vie.

Le langage corporel

Le langage corporel d'un bébé est une autre source d'information. Quand vous le changez et vous penchez sur lui pour lui parler et vocaliser, observez avec quelle attention il vous écoute, « pédalant » avec ses jambes, agitant les bras. Il glousse de joie, mais c'est tout autant par son corps qu'il vous exprime son ravissement. Si vous le prenez dans vos bras au mauvais moment, tout son corps se contracte. Ses bras et ses jambes se raidissent ou sont agités de mouvements saccadés. Ses poings se crispent, et son cou s'arque tandis qu'il détourne la tête et les yeux.

Lorsque vous le câlinez dans vos bras, son corps se détend et il se blottit contre vous. Il enfouit la tête dans votre poitrine ou fixe votre visage avec une expression intense, ses mains agrippent votre vêtement ou votre doigt. Lorsqu'il se sent confortablement installé contre vous, ses jambes s'assouplissent, mais restent en contact avec votre corps, auquel le sien s'ajuste avec précision. Calé contre votre épaule, il lève la tête pour regarder autour de lui, et ses jambes semblent même vouloir vous emprisonner. Pendant qu'il inspecte la pièce, il finit par se laisser aller, et sa petite tête si douce vient se nicher au creux de votre cou. Vous avez communiqué ensemble. Il paraît vous dire : « C'est là que je me sens en sécurité et aimé. » À cet instant, les mères qui allaitent sentent leur lait sourdre tant cette sensation est délicieuse.

Le contact visuel

Dès sa venue au monde, le nouveau-né passe du sommeil ou des cris à un état de plein éveil. Un parent ou une infirmière peut alors l'incliner selon un angle de 30°, en lui tenant fermement les bras, et même éventuellement une jambe, pour éviter qu'il ne tressaille. Le tressaillement perturbe le nouveau-né et l'empêche de se concentrer. Observez-le lorsqu'il commence à se concentrer sur ce qu'il voit. Il garde le contrôle de lui-même. Son corps paraît presque s'arc-bouter tandis qu'il s'efforce de fixer son regard sur vous. Si vous bougez doucement la tête à une trentaine de centimètres au-dessus de son visage, il la suit. Toute son attention est tendue vers la personne qui se penche vers lui. Ses yeux brillants semblent prêts à lui sortir de la tête pour vous attirer. Il dit : «Je suis là! Je suis une personne! Aime-moi!» Ses yeux parlent presque pour lui. La rencontre des regards peut être si passionnante!

Au fil des jours, le bébé acquiert une capacité accrue à maîtriser son corps, à fixer son regard sur quelque chose et à le suivre des yeux. Il va utiliser cette compétence pour communiquer avec vous. Ses yeux sont incroyablement éloquents. «J'ai besoin de toi. Je suis fatigué. Aide-moi.» Et même : «Donne-moi à manger.» Bien que tous les jeunes parents s'inquiètent – «Comment vais-je le comprendre?» –, les yeux de leur bébé les guident. Si leur expression est vive et aimante, c'est qu'il leur dit : « Tu es mon parent et tu fais exactement ce qu'il faut ! »

« Trop »

Tous les bébés atteignent un point de saturation au-delà duquel toute nouvelle information ou expérience est de trop. Quand cette limite est franchie, le bébé ne manque pas de ressources pour vous dire « assez ». Il se cambre, détourne le visage ou le regard, ou encore perd ses couleurs. Les yeux mi-clos, il peut même être pris de hoquet, recracher ou produire des bruits intestinaux. Tous ces comportements signalent qu'il en a eu assez pour le moment – assez vu et entendu, assez joué et communiqué. Il est fatigué et a besoin de dormir avant d'être prêt pour de nouvelles sollicitations. De nombreux bébés réagissent ainsi quand il y a trop de monde ou trop de bruit dans la pièce. Ne vous étonnez donc pas qu'il dorme si bien chez sa grand-mère. Voir un trop grand nombre de personnes, être l'objet de trop d'attention l'oblige à « décrocher ». Tenez compte de ses réactions, et gardez-le à l'abri d'un excès de sensations. Après une courte période de récupération, il se montrera de nouveau disposé à répondre à son environnement. Il s'agit là d'un comportement de protection, peut-être sa seule façon de vous faire savoir que « ça suffit pour le moment ».

La tétée

Un petit bébé vous en dit long par sa façon de téter. Quand il a besoin de réconfort, il se tourne vers le sein maternel (non seulement pour se nourrir, mais pour s'apaiser). S'il est ingénieux, il cherche ses doigts pour se réconforter et se calmer. S'il a faim, il tète avec des succions régulières ; mais, dès que la première faim est satisfaite, il change de rythme, alternant succions et pauses. Les parents le sollicitent doucement pour l'encourager à continuer, ou le regardent en lui disant : « Allez, vas-y ! » Mais le bébé utilise ces interruptions pour communiquer, pour regarder votre visage et apprendre à vous connaître. Le rythme de la succion aux heures des repas semble avoir pour fonction de lui ménager des temps d'observation et d'écoute.

Il existe deux types de succions : celle que le bébé utilise pour se nourrir, et celle qui l'aide à se réconforter et à se contrôler. La seconde s'effectue principalement dans le haut du palais (vous pouvez le constater en lui donnant votre doigt à sucer). Elle lui sert à s'apaiser, à calmer les mouvements de son corps pour lui permettre de se concentrer sur ce qu'il voit ou entend, de s'endormir, voire de se réveiller moins brutalement. La succion du bébé vous en apprend beaucoup si vous l'observez et l'écoutez.

S'apaiser seul

Dans son berceau, le bébé commence à s'agiter. S'il est couché sur le dos, il est probable qu'il tressaille. Ce sursaut le perturbe. Il se met à pleurer et tressaille de nouveau, ses cris montant en intensité. Dépassé par la situation, il recourt alors à quatre réflexes pour se maîtriser. Il tourne la tête sur le côté, visage et bras tendus, et son corps s'arc-boute dans la direction opposée. Ce faisant, il déclenche un réflexe tonique du cou, qui l'amène en retour à porter la main à sa bouche (c'est ce qu'on appelle le réflexe de Babkin). Il cherche sa main, tournant la tête d'un côté et de l'autre. Il parvient enfin à introduire son pouce ou ses doigts dans sa bouche pour les sucer. Grâce à ce quatrième réflexe, il reprend le contrôle de la situation.

Maintenant, il peut regarder, écouter et en apprendre un peu plus sur son nouveau monde. Il s'est calmé – une première manifestation de maîtrise de soi, et un véritable exploit. N'importe quel parent va se pencher sur lui en extase et lui dire doucement : « Tu t'es débrouillé comme un chef. » Et il aura raison ! Le bébé sait lui aussi que sa nouvelle capacité à se contrôler est prodigieuse. Il suce son pouce avec avidité, mais peut également émettre un petit bruit de satisfaction. Tandis que son parent lui murmure des tendresses, il tente de lui répondre mais n'y parvient pas – pas encore. Abandonnant son pouce, il tourne un regard intense vers le parent qui vocalise. Il frétille de plaisir. Mais sans produire aucun son.

Gazouillis et vocalises

Encore quelques semaines, et le bébé va commencer à murmurer ou à vocaliser lorsqu'il gigotera. Cette forme de communication apparaît habituellement vers trois mois. Le bébé découvre que ses parents réagissent avec encore plus de plaisir lorsque les nouveaux sons qu'il produit accompagnent ces mouvements. Au cours des mois suivants, il s'y exerce dans son berceau. Inlassablement, il gazouille, roucoule, gargouille de joie, jusqu'à émettre un bruit sonore. Il apprend à maîtriser ces nouveaux acquis passionnants. Souvent, il tressaille en s'entendant. Il est si excité qu'il s'énerve et se met à pleurer, ce qui attire aussitôt un parent. Dès que celui-ci apparaît, les pleurs cessent. Il lève les yeux vers lui pour lui sourire, vocaliser, se trémousser de plaisir – dans l'espoir de le retenir.

«J'ai compris!»

Il y a des instants bénis où le parent d'un jeune enfant se dit : «J'ai compris! J'ai fait ce qu'il fallait!» Cela peut se produire quand il a deviné, par exemple, qu'un gros renvoi gênait l'enfant, mais surtout quand il a su répondre à ses pleurs en percevant ce qui se passait dans son esprit et en réagissant à bon escient. «Je suis son parent et je sais quoi faire quand il a besoin de moi.» Quel triomphe! Nous espérons que ce guide permettra aux parents d'inscrire d'autres victoires à leur actif.

2.

LES POINTS FORTS DE LA COMMUNICATION

Les cris du nouveau-né

Identifier les cris d'un nouveau-né

Une jeune mère reconnaît le cri de son nouveau-né dans une nursery remplie de bébés au bout de trois jours seulement, tant elle est « en phase » avec lui et impatiente de l'apaiser.

La passion que les pères et les mères vouent à leur nouveau-né leur permet d'identifier ses cris et de distinguer leurs diverses significations. Les parents s'aident aussi des expressions du visage du nourrisson, de son langage corporel et d'autres indications (par exemple l'heure de la dernière tétée, du dernier change, de la dernière sieste, un bruit, de la lumière vive, le bébé est trop vêtu ou pas assez) pour comprendre ce que leur dit chaque cri. Bien sûr, nous simplifions énormément ici la description des différents types de cris, mais voyez si vous pouvez déjà commencer à les identifier chez votre bébé.

La douleur. Un cri de douleur est une plainte brève, sonore et aiguë, perçante, suivie d'une période d'apnée (absence de respiration), puis d'une nouvelle plainte. Il ne cesse pas quand on prend le bébé dans ses bras ou qu'on le réconforte. Quand un bébé qui souffre crie pendant une période prolongée, ses cris paraissent faiblir, comme s'ils exprimaient moins la douleur, mais il est certainement temps d'appeler votre médecin. Le visage est contracté, les bras et les jambes étroitement ramenés contre le corps, lui-même crispé. Vous pouvez examiner votre enfant et rechercher l'endroit douloureux en pressant doucement tous les points du corps. L'estomac, les jambes et les bras, même la tête, le visage et les oreilles vous fourniront peut-être des indices. Palpez toujours la partie molle située au sommet de la tête (la fontanelle) pour voir si elle reste souple entre les cris. Dans le cas contraire, c'est un signal d'alarme auquel il convient de répondre de toute urgence. Vous pouvez aussi fléchir doucement le cou du bébé et faire bouger ses bras et ses jambes pour déceler le problème.

Il est impératif de déterminer l'origine de la douleur. Vérifiez tout ce qui pourrait expliquer les cris. Palpez – doucement – le bébé partout. Si vous ne trouvez rien, vous devez recourir à l'aide de votre médecin.

Savoir reconnaître les cris de douleur est capital dès les premiers jours. Quelquefois, un tel cri exige de faire appel de toute urgence à un professionnel. Tous les jeunes parents doivent pouvoir compter sur une « structure d'accueil » médicale pour leur nourrisson – un professionnel de santé qui les connaît bien et connaît bien l'enfant, qui est personnellement disponible en cas d'urgence et qui veille à ce qu'un remplaçant puisse être contacté s'il est absent, notamment le soir et le week-end.

La faim. Un nouveau-né affamé crie par à-coups brefs et continus. Ces cris sont insistants, moyennement aigus.

Un parent peut être sûr que son bébé a faim quand celui-ci tourne la tête d'un côté et de l'autre ou vers l'avant, la bouche ouverte, en quête du biberon ou du sein. Un bébé actif semblera même aspirer des gorgées d'air de ses petites lèvres avides. Regardez-le essayer d'amener sa main et son drap à sa bouche tandis qu'il cherche le mamelon qui le nourrira !

Chaque fois qu'un bébé pleure, le premier instinct d'un parent est de le nourrir. Il risque peu de se tromper, et le comportement du bébé cherchant le mamelon ou la tétine (ce qu'on appelle le réflexe de fouissement) montre à quel point il est important pour lui d'amorcer la succion et d'absorber de la nourriture pour se calmer. Tandis qu'il tète, sa faim et la satisfaction qu'il éprouve à répondre à ce besoin sont visibles. En cas de confusion avec un autre type de cri, le bébé acceptera le mamelon ou la tétine (comme par politesse), mais recommencera vite à s'agiter et à regarder autour de lui.

Quand le bébé tète pour se nourrir, le parent peut remarquer qu'il commence par une série de succions vigoureuses. Mais une alternance de succions pressées et de pauses s'établit vite : succion-succion-succion-pause-succion-succion-succion-pause. Sa satisfaction ne fait déjà aucun doute. Il veut s'arrêter pour regarder ce qui l'entoure et écouter, et c'est dans ce but qu'il met en place ce rythme. Les pauses sont pour lui l'occasion d'examiner le visage de la personne qui le nourrit. Regardez-le pour lui sourire, vocaliser et le serrer tendrement contre vous avant de l'encourager à reprendre la succion. La satisfaction de son besoin et l'organisation rythmée de la tétée aident le bébé à se mettre à l'écoute de ses parents.

La fatigue. Lorsque la journée du nouveau-né a été marquée par un excès de manipulations, de sociabilité, de bruit et d'activité autour de lui, il manifeste sa contrariété. Des pleurs légers, proches du gémissement, montent en intensité pour culminer en cris de détresse bruyants. Quand on le recouche ou qu'on baisse le niveau de stimulation, les cris se transforment en sanglots et finissent par cesser. Les parents s'en veulent terriblement : « Pourquoi ne l'ai-je pas couché avant qu'il réagisse ainsi ? » Mais la capacité du bébé à protester avec vigueur puis à s'apaiser mérite notre admiration.

L'ennui. Un bébé qui s'ennuie a des accès de pleurs. Les yeux et la tête aux aguets, il s'interrompt dès qu'on lui parle, qu'on le caresse doucement ou qu'on le prend dans ses bras pour jouer avec lui. Presque tout l'apaise du moment que c'est nouveau.

Quand il s'ennuie, le bébé a un visage moins tonique ; ses yeux sont généralement ouverts, mais sans vivacité. Il regarde vaguement autour de lui, comme s'il cherchait sur quoi fixer son attention. Il s'interrompt pour écouter si un bruit peut l'intéresser. Son corps est plus détendu, et il a les mains ouvertes. Souvent, ses pieds s'agitent en l'air, comme s'il faisait de la gymnastique. Si l'un d'eux entre dans son champ de vision, il cesse de bouger pour l'observer. Sa main remonte jusqu'à sa bouche, mais cela ne sert à rien s'il n'a pas pour objectif de la sucer.

Il est très facile de calmer un bébé qui s'ennuie. Mais cela requiert parfois du temps, de l'énergie et de la patience – trois éléments que les parents n'ont guère en réserve. Prenez-le pour le câliner et lui parler. Contempler un visage ou un jouet de couleur vive semble être à son goût. Parlez-lui d'un ton calme, insistant. C'est le moment ou jamais d'amorcer un échange et de jouer avec lui. En le gardant dans vos bras, faites-lui faire le tour de la maison ou emmenez-le dehors. Les porte-bébés ou kangourous jouent le même rôle que les magnifiques pans de tissu qui, dans de nombreuses cultures, permettent de rester en contact permanent avec le bébé et d'instaurer de délicieux échanges avec lui.

L'inconfort. Moins perçant que le cri de douleur, le cri d'inconfort s'accompagne d'accès de pleurs bruyants. Le bébé paraît vouloir dire que quelque chose le gêne, parfois une bulle d'air. Ces cris intermittents, peu convaincus, n'ont rien de vraiment inquiétant et permettent de faire facilement la différence avec une douleur réelle. En général, lorsqu'on prend le bébé dans ses bras pour voir si cette gêne peut être dissipée, ils cessent.

Essayez toutes les manœuvres indiquées plus haut pour voir si vous réussissez à calmer le bébé. Palpez son corps (voir *La douleur*, ci-dessus) pour vérifier qu'il n'existe pas plus qu'une simple gêne. Observez son visage : les sourcils sont froncés, les yeux inquisiteurs, les bras et les jambes sont plus crispés que lorsqu'il s'ennuie, mais peuvent se détendre quand vous l'examinez.

Si vous ne décelez rien d'anormal, proposez-lui une tétée, ou de l'eau, puis faites-lui faire un renvoi et encouragez-le à sucer quelque chose – un mamelon, des doigts (les siens ou les vôtres). Souvent, il s'agit d'une question de transit intestinal. Si l'inconfort est sérieux, il déclenchera un cri de douleur ou un appel à l'aide plus insistant.

Le défoulement en fin de journée. On attribue souvent ces cris – à tort – à une colère ou à l'inconfort. Intermittents, souvent rythmés, ils se déclenchent en général au terme d'une journée active, surchargée de stimulations visuelles et auditives et d'activité. Il est possible d'apaiser temporairement le cycle de pleurs qui se met en place – agitation, pause, agitation, pause – en parlant au bébé, en le prenant dans ses bras ou en le berçant. Bien qu'ils puissent s'intensifier et atteindre un point culminant (où ils ressemblent à des cris de douleur), ces pleurs sont pour l'essentiel agités et rythmés. Le visage du bébé n'est pas crispé, il fronce un peu les sourcils, mais des périodes de détente du visage et du corps alternent avec les pleurs. N'importe quelle manœuvre, ou presque, les calme momentanément, mais ils risquent de reprendre dès que vous cesserez. (Voir aussi *Trois semaines : les pleurs d'irritabilité,* plus loin dans ce chapitre.)

Ces différents types de cris sont identifiables, et les parents qui apprennent à connaître leur bébé auront le sentiment d'y parvenir déjà au bout de trois semaines. Quand ils sont en mesure de faire la différence, ils commencent à comprendre exactement ce dont leur bébé a besoin. Une preuve puissante, s'il en est, de la passion avec laquelle les parents gèrent cette relation !

Que faire quand un bébé pleure

1. Essayez d'identifier le cri et de comprendre ce que vous indiquent les autres comportements du bébé. Utilisez d'autres repères – à quand remontent la dernière tétée, la dernière période de sommeil, le dernier change, quelles sont les réactions du bébé au bruit, à la lumière, à la température ambiante, à l'activité et au mouvement.

2. Changez-le. Proposez-lui une tétée. Si la dernière est récente, il n'aura sans doute pas faim, mais la succion constitue un calmant puissant. Aidez-le à trouver son poing ou son pouce, ou donnez-lui votre doigt à téter, ou encore de l'eau sucrée.

3. Parlez-lui d'une voix douce et réconfortante pour casser le rythme des pleurs, puis tentez de réduire leur timbre et leur volume en baissant progressivement la voix.

4. Maintenez ses bras et son corps pour l'empêcher de tressaillir.

5. Emmaillotez-le dans son lange de façon à maintenir fermement ses bras et ses jambes. Surtout, couchez-le sur le dos, et près de vous, afin d'être sûr(e) qu'il ne se niche pas à l'intérieur de la couverture, où il risquerait de s'étouffer.

6. Prenez-le dans vos bras pour le câliner.

7. Essayez de lui masser doucement les membres.

8. Chantez-lui une petite chanson.

9. Promenez-le dans vos bras. Vous pouvez le bercer en le tenant droit contre vous, ou alors à l'horizontale, doucement.

10. Tirez parti d'un bruit de fond ou d'un mouvement régulier. Des parents me disent qu'ils installent le transat de leur nourrisson sur la machine à laver, ou branchent un appareil en fond sonore pour le calmer. Certains emmènent le bébé faire un tour en voiture. Cela peut produire un résultat, mais les pleurs risquent de reprendre dès que cette stimulation répétitive cessera. Les petits bébés se ferment aux stimuli perturbateurs – c'est ce qu'on appelle l'« habituation ». Un nourrisson peut s'apaiser, voire s'endormir, mais seulement pour se protéger de l'extérieur. Cette solution

n'aura donc d'effet que tant que les stimuli répétés persisteront. La cause des pleurs, elle, n'aura pas changé.

11. Ce que j'appelle le «placage», comme au rugby, est un autre moyen de calmer un bébé agité, perturbé. Placez-le à plat ventre, bras et jambes pendants, en travers de votre avant-bras, une main soutenant son buste, l'autre posée fermement sur son dos, et bercez-le doucement d'un mouvement vertical. Quand il commencera à se calmer, il lèvera la tête pour regarder autour de lui. Chantonnez, parlez-lui tendrement sur un ton réconfortant. À mesure qu'il s'apaise, tirez parti de son intérêt pour le maintenir dans un état alerte tranquille. Vous le verrez écarquiller les yeux. Beaucoup de bébés se calment ainsi, souvent parce qu'il leur est plus difficile, à plat ventre, d'inspirer la quantité d'air nécessaire pour pleurer. Mais ce sont aussi le balancement rythmique et les stimuli visuels et auditifs qui les aident à se maîtriser. Cette méthode peut offrir un court répit à des parents au bord de la crise de nerfs.

Toutes ces manœuvres vous permettront au moins de savoir que le bébé ne souffre pas, même si rien ne semble pouvoir interrompre durablement ses pleurs. En le voyant réagir, même provisoirement, vous vous sentirez rassuré(e).

Il est très difficile d'avoir un bébé qui ne se laisse pas facilement «décoder». Les signaux auxquels vous vous fiez d'ordinaire sont absents. Apprendre à le connaître s'avère plus ardu. Vous craignez déjà de le «gâter». Mais à cet âge, c'est peu probable. Vous apprenez simplement à répondre à ses besoins.

Chaque fois qu'ils voient leurs efforts pour apaiser leur bébé couronnés de succès, les parents se sentent encouragés. Dans le cas contraire, ils testent une solution après l'autre, souvent avec une anxiété et une tension croissantes. Mais c'est avant tout des échecs que nous tirons des leçons. Si vous n'obtenez aucun résultat dans l'immédiat, c'est le moment de souffler un peu, de cesser d'intervenir et de réfléchir à votre prochaine tactique – tout en observant le nourrisson. Ce faisant, vous en apprendrez de plus en plus à son sujet.

Même si j'essaie toujours de convaincre les parents que personne ne prend autant qu'eux au sérieux les pleurs de leur bébé, nous avons tous tendance à juger de façon négative – et à critiquer – les parents dont les efforts restent infructueux. Nous condamnons souvent trop volontiers la « victime » (la mère ou le père) lorsqu'un bébé pleure. « Que lui font-ils ? Pourquoi ne s'en occupent-ils pas ? » La pression des autres adultes a vite fait de s'ajouter à l'anxiété de parents à court d'expédients. Apprendre à calmer les cris de leur nouveau-né leur apparaît alors comme un problème à régler de toute urgence.

Les pleurs et le tempérament

Le cri du nouveau-né et sa capacité à s'apaiser fournissent aux parents un aperçu sur deux aspects de son futur : son tempérament, et le « travail » qu'ils devront effectuer pour le réconforter. Un bébé vif, énergique, affiche un haut degré d'activité ; ses cris, aigus, s'intensifient rapidement et sont parfois difficiles à calmer. À l'inverse, un bébé placide et sensible tarde davantage à se « mettre en voix » ; ses pleurs sont moins aigus, mais ils se prolongent plus longtemps. Il peut déployer des efforts répétés pour s'autocalmer – en suçant son pouce, en regardant autour de lui ou en changeant de position. Lorsqu'il est inconsolable, ses pleurs deviennent parfois insistants et perturbants. Ces «profils» font partie du tempérament et du style de chaque bébé. (J'ai longuement décrit ces différences dans *Infants and Mothers*[1]). Ils modèlent aussi l'image qu'ont les parents de leur enfant et influent sur les adaptations auxquelles ils devront procéder pour le connaître.

Le tempérament du bébé se répercute sur la nature et la fréquence des pleurs, ainsi que sur sa capacité à se réconforter et à s'apaiser. Un bébé calme, observateur, associe ses pleurs à des efforts pour utiliser ses yeux, ses oreilles, voire ses techniques d'apaisement, comme celle consistant à porter la main à la bouche ou à sucer son doigt. Un bébé très sensible, qui tressaille au moindre bruit, ou dès que l'on modifie un peu brusquement la façon dont on le tient, utilise les pleurs pour se défouler ou libérer son système nerveux facilement surchargé. Un bébé actif, énergique, allie son activité et ses tressaillements à des cycles de pleurs bruyants, avant de s'interrompre et de recommencer à s'agiter. C'est comme si tous ces pleurs appartenaient à un langage dont chaque type de nouveau-

1. Trad. fr. : *Trois Bébés dans leur famille, Laura, Daniel et Louis : les différences du développement*, Stock, 1985.

nés serait doté pour entrer en contact avec le monde et communiquer.

Les parents vont très vite apprendre quel genre de comportement adopter avec leur bébé. Cela pourra être lui parler doucement à l'oreille ou lui caresser tendrement mais fermement l'estomac. Ou maintenir ses bras serrés contre son ventre afin de neutraliser les tressaillements déclenchés par les pleurs et interrompre leur montée en puissance. Ou encore le prendre dans leurs bras pour l'empêcher de s'agiter et le câliner, en le berçant ou en chantonnant. Une manière efficace de calmer un bébé qui ne contrôle plus la situation consiste à le nourrir ou à le laisser au sein. Mais si l'accalmie est de courte durée, c'est peut-être que le bébé vous dit de chercher la raison plus profonde de ses pleurs.

Les bébés très sensibles

De nombreux bébés réagissent à un rien. Ils sont ce que nous appelons « hypersensibles » – au bruit, à la lumière, à des manipulations comme les caresses ou les massages, voire aux tétées. Un tel bébé mérite une attention particulière. N'essayez qu'une manœuvre à la fois quand vous cherchez la solution pour le calmer. Parlez-lui d'une voix douce, ne le regardez pas pendant que vous le nourrissez, ne le bercez pas non plus à ce moment-là. Veillez à ce que son environnement soit le plus paisible possible. (Voir aussi *Bébés « hypotrophiques »*, au chapitre 3.)

Les bébés actifs

Comme il ne faut pas coucher les bébés sur le ventre pour dormir, un bébé actif aura plus de difficultés à se calmer. Sur le dos, il est à la merci de mouvements brusques et de tressaillements. Chaque sursaut déclenche un cri, une nouvelle phase d'activité et un redoublement des pleurs. Les bébés très actifs ont beaucoup de mal à interrompre ce cycle – activité, tressaillements, activité, tressaillements – pendant un laps de temps assez long pour porter leur main à la bouche et se calmer. Quand le bébé est couché sur le ventre, ses mouvements sont réduits et ses tressaillements maîtrisés. Cette position lui permet de bouger dans son lit, de lever la tête d'un côté et de l'autre, de parvenir enfin à ramener un bras jusqu'à sa tête pour sucer son pouce ou ses doigts. Mais elle n'est sûre que si l'enfant est réveillé et que vous êtes là pour le remettre sur le dos au cas où il commencerait à s'endormir.

La position de sommeil et la mort subite du nourrisson

Aujourd'hui, un problème nouveau angoisse les jeunes parents. Nous avons appris que les bébés qui dormaient sur le dos étaient moins exposés au MSIN, ou syndrome de la mort subite inexpliquée du nourrisson. Lorsque les éléments de literie sont trop près de leur visage, ils réabsorbent le dioxyde de carbone qu'ils rejettent, ce qui les affaiblit. Comme anesthésiés, ils n'ont alors plus la force de se débattre pour chercher de l'air et s'arrêtent de respirer, ce qui peut entraîner une mort subite. Nous savons maintenant que les bébés qui dorment sur le dos sont plus en sécurité.

Bien que la mort subite du nourrisson ne survienne que très rarement, les parents ne voudront courir aucun risque. Les draps, couvertures, oreillers et animaux en peluche peuvent empêcher le bébé de respirer. Un nouveau-né peut recourir à des moyens étonnants pour dégager ses voies respiratoires : il tourne la tête et se débat, tousse, repousse tout ce qui peut faire obstruction. Mais cela ne suffit pas toujours. Tout lange, nid d'ange ou garniture de berceau susceptible de réduire l'oxygène du bébé doit être ôté.

Comme il peut aussi être dangereux, si le bébé reste seul, d'essayer de contenir ses tressaillements en l'emmaillotant (il risque alors de se tortiller et, en glissant à l'intérieur du lange, de s'étouffer), au moyen d'oreillers ou en le calant sur le côté, je conseille pour ma part de ne le langer qu'à partir de la taille, en serrant bien. De cette façon, les jambes au moins ne participent pas aux mouvements qui déclenchent le cycle tressaillements-pleurs. Cela lui laisse aussi les mains libres pour trouver et sucer son pouce ou ses doigts. On peut également incliner légèrement le matelas pour réduire la mobilité d'un bras. Le risque est que le bébé apprenne ainsi plus facilement à se mettre sur le ventre et enfouisse sa tête dans les éléments de literie et un matelas trop mou. Les parents d'un bébé actif devront donc déployer des trésors de patience et d'ingéniosité, et expérimenter les autres techniques décrites plus haut dans l'encadré *Que faire quand un bébé pleure.*

Trois semaines : les pleurs d'irritabilité (ou « coliques »)

Entre trois et douze semaines, la plupart des nouveau-nés développent une période de pleurs d'irritabilité, habituellement en fin de journée. De la même façon que les parents ou les autres enfants de la famille commencent à accuser la fatigue, le bébé devient plus agité. Des bruits même ténus le font tressaillir. Il a des mouvements nerveux. Son visage se renfrogne. Ses bras sont relevés, poings crispés. Ses jambes serrées se détendent brusquement. Il se comporte comme s'il avait mal au ventre, et recrache souvent une partie de la dernière tétée. Certains bébés régurgitent le contenu de leur estomac dans leur œsophage, et leur irritabilité est mise sur le compte de ce «reflux». Le pédiatre peut prescrire un médicament pour soulager un nourrisson chez qui un reflux gastro-œsophagien a été diagnostiqué. La majorité des bébés qui pleurent pendant cette période ne souffrent pas de cette affection à proprement parler, mais votre pédiatre examinera votre enfant pour s'en assurer. En l'absence de véritable reflux, les médicaments ne jouent aucun rôle.

Comme cette période d'irritabilité est quasiment universelle, autant savoir à quoi s'en tenir avant qu'elle ne s'installe. À trois semaines, les tétées de plus en plus conséquentes en fin de journée ne paraissent pas contenter le nourrisson. Sa nervosité et son hypersensibilité se transforment naturellement en pleurs. Le fait de connaître l'existence de cette période (que j'appelle un « point fort ») et de comprendre qu'elle est utile au nourrisson épargnera aux parents un affolement et une anxiété injustifiés. S'ils voient que cet énervement et ces pleurs sont nécessaires et même participent de l'organisation de la journée du bébé, ils ne s'accuseront pas d'incompétence. En les avertissant et en les préparant, j'ai permis à de nombreux parents qui m'avaient choisi comme pédiatre de ramener cette phase de trois heures par jour à une heure. Nous ne l'avons pas éliminée, mais nous l'avons rendue gérable.

Autrefois, les pédiatres parlaient à propos de cette période de « coliques », car on l'imputait au système digestif – en général à un reflux gastro-œsophagien ou à une allergie au lait. Nous savons aujourd'hui que les bébés qui pleurent à cet âge ne souffrent habituellement ni de l'un ni de l'autre. Il nous est apparu que c'était le développement normal du système nerveux de l'enfant qui était à l'origine, dans la plupart des cas, de ces pleurs difficiles à apaiser. Ce qui n'a jamais empêché les pédiatres, de tout temps, d'unir leurs efforts à ceux des parents pour les faire cesser. Par le passé, nous prescrivions des sédatifs et des antispasmodiques, mais les médicaments ne jouent aucun rôle établi, sauf, comme expliqué plus haut, en cas de reflux gastro-œsophagien réel ou d'un quelconque problème médical.

En mal de solution, on a recommandé aux mères de prendre leur bébé dans leurs bras et de le nourrir au sein ou au biberon presque sans discontinuer. Quand la méthode échouait, les mères, à bout de nerfs, téléphonaient à leur médecin. Souvent, elles appelaient même leur propre mère. « Tu sais, tu en faisais autant », répondait celle-ci. Les pères ou les amies apportaient leur grain de sel : « Si tu changeais de lait, il ne ferait pas tant d'histoires. » Ou encore : « Tu ne sais pas le prendre. » Naturellement les jeunes mères, déjà vulnérables, se sentaient incompétentes. Elles s'accablaient de reproches, et leur impuissance les démoralisait. Le moindre vagissement du nourrisson signait leur échec, et leur tolérance vis-à-vis de lui en souffrait souvent. Tout cela permet d'expliquer pourquoi de très jeunes bébés sont parfois maltraités pendant cette période. Par bonheur, nous comprenons mieux maintenant ce type de pleurs.

Désireux d'en savoir plus sur ces manifestations si courantes, et sur la tendance des pleurs à s'intensifier tandis que les parents ne savent plus quoi inventer pour les calmer, j'ai étudié la question il y a quelques années de cela. J'ai demandé à quatre-vingts mères en bonne santé de tenir un journal au cours des trois premiers mois de leur bébé, vingt-quatre heures sur vingt-quatre. Nous avons appris beaucoup de choses. Les mères ont signalé que leur bébé mettait en place une période d'agitation prévisible, qui débutait régulièrement en fin de journée. Il s'agissait de pleurs cycliques, à la différence des pleurs de faim ou de colère. Si l'on prenait le nouveau-né dans les bras, si on le manipulait ou si on lui donnait du lait ou de l'eau, il se calmait momentanément. Mais sa nervosité et son expression renfrognée subsistaient. Il sursautait au moindre bruit un peu fort ou inattendu. Un changement brusque de lumière ou de position le faisait tressaillir. Les pleurs d'irritabilité reprenaient dès qu'on le recouchait. Même dans les bras, il restait énervé et irritable. Rien n'y faisait.

Mais les parents précisaient que tous les soirs, après cette période d'agitation, leur bébé dormait plus profondément, que les tétées étaient plus prévisibles, qu'il «tenait» jusqu'à trois ou quatre heures entre deux tétées et semblait «prêt» à affronter les prochaines vingt-quatre heures. Ces informations nous ont conduits à considérer cette phase d'irritabilité comme normale, voire utile. En comprenant que l'agitation de leur nourrisson servait une fonction, les parents ont moins eu l'impression d'être remis en question, personnellement, par les pleurs.

Habituellement, chaque fois qu'il est prévisible et aussi généralisé que celui-ci, un comportement a une valeur d'adaptation. Les pleurs du soir nous apparurent bientôt comme un processus d'organisation : comme si le bébé évacuait, au terme de la journée, le trop-plein de son système nerveux encore immature. À ce stade, celui-ci a la capacité d'absorber et d'utiliser des stimuli tout au long de la journée, mais il arrive parfois à saturation et emmagasine cette surcharge, ce qui aboutit à des périodes de sommeil et à des intervalles entre les tétées de plus en plus courts. Leur accumulation finit par déclencher une explosion en fin de journée. Après quoi le système nerveux immature se réorganise pour les prochaines vingt-quatre heures. Au fur et à mesure que ce schéma s'affirme, le cycle de sommeil et de veille du bébé commence à devenir plus régulier. Les mères me disent avoir appris que les pleurs prévisibles de fin de journée annoncent des tétées moins fréquentes et à heures plus fixes. Leur nourrisson boit avec plus d'efficacité et dort mieux entre deux repas. Ses jeux deviennent plus élaborés, il sourit et commence à vocaliser. Restant éveillé et alerte pendant des périodes plus longues, il apprend à connaître les rythmes de sa mère et les jeux que son père instaure plus volontiers avec lui.

Je suis aujourd'hui convaincu que ces semaines éprouvantes remplissent un objectif. Non seulement les pleurs d'irritabilité en fin de journée mettent en place des schémas plus réguliers de sommeil, veille et tétées, mais le bébé acquiert une conscience nouvelle de ses parents, qui ont déployé tant d'efforts pour le réconforter. Vers six ou huit semaines, il est capable de faire la distinction entre son père et sa mère, et entre eux et une personne inconnue. L'apprentissage qui s'effectue pendant cette période peut fort bien être lié à une nouvelle organisation du système nerveux : les turbulences de fin de journée en ont été le coût, élevé mais gratifiant.

Quand je parle aux parents de cet épisode avant qu'il n'ait commencé, ils me demandent : « Mais alors, que faire ? Ne pas bouger ? » Je ne vous recommanderais certainement pas de laisser pleurer le nourrisson jusqu'à ce qu'il « s'épuise ». Je conseille en revanche de vérifier s'il a besoin de quelque chose. (Voir plus haut l'encadré *Que faire quand un bébé pleure.*) Mais ne renouvelez pas vos diverses manœuvres. Une fois suffit. Prenez-le dans vos bras et promenez-le pour interrompre les tressaillements désordonnés. Changez-le si nécessaire. Lorsqu'il se calme, proposez-lui le sein ou un biberon, mais observez-le pour voir s'il a vraiment faim. Dans le cas contraire, ne surchargez pas son estomac déjà plein. Ensuite, donnez-lui de l'eau à intervalles réguliers. Elle fera circuler l'air qu'il a aspiré en pleurant. On entend par «colique» un phénomène de gaz intestinaux. Et un bébé qui pleure avale de l'air à chaque sanglot. De l'eau tiède toutes les dix ou quinze minutes permet au bébé d'évacuer l'air par des renvois. Le parent accueille avec délices les bons gros «rototos». Il ferait n'importe quoi pour soulager son bébé.

Mais n'en faites pas trop. Une fois que vous vous êtes assuré(e) que votre bébé n'est pas affamé ni mouillé et qu'il ne souffre pas, recourez à des techniques douces, non stimulantes, apaisantes, ou alors laissez-le tranquille. Un massage léger peut vous tirer d'affaire, s'il accepte que vous le touchiez. Expérimentez toutes les manœuvres suggérées ici, mais si elles s'avèrent infructueuses, n'insistez pas! Trop de manipulations ou votre anxiété excessive risquent de surcharger son système nerveux hypersensible et de prolonger la période de pleurs d'irritabilité.

Comment gérer les pleurs d'irritabilité

1. Après avoir vérifié qu'il n'a pas faim, qu'il n'est pas mouillé et qu'il ne souffre pas, placez le bébé dans un transat ou son berceau pendant dix à quinze minutes.

2. Ensuite seulement, prenez-le et faites-lui faire un renvoi.

3. Donnez-lui à boire de l'eau. Certains parents utilisent un « calmant » de confection maison[1] pour coliques infantiles afin d'aider l'enfant à faire un renvoi et lui permettre de s'apaiser en tétant.

4. Puis recouchez-le et laissez-le de nouveau s'agiter et pleurer pendant dix à quinze minutes. Vous constaterez probablement, comme moi, que moins on le manipule, moins il s'énerve. Une période d'irritabilité d'une à trois heures n'a rien que de très normal.

1. Ce calmant traditionnel, utilisé par les générations précédentes et encore aujourd'hui dans de nombreuses cultures, se fabrique aisément : 225 cl d'eau, une cuillère à café de sucre, une minuscule pincée de bicarbonate de soude (mieux vaut en mettre pas assez qu'un peu trop, ce qui serait dangereux).

Observez bien le visage et le corps du bébé. Apprenez ses rythmes. Est-il tranquille et apaisé après un renvoi ? Quand vous le remettrez dans son transat ou dans son lit, il commencera probablement par regarder autour de lui, froncer légèrement les sourcils, s'agiter sans bruit au début. Puis il amorcera un cycle de pleurs réguliers. Attendez-vous à le voir se tortiller, agiter les bras et les jambes, crisper le visage (mais pas comme sous l'effet de la douleur). S'il se calme quand vous le reprenez dans vos bras pour lui faire évacuer l'air avalé, vous saurez que cette agitation ne traduit pas une souffrance réelle.

Les parents craignent de passer à côté d'un vrai cri de détresse s'ils laissent leur nouveau-né s'époumoner pendant dix minutes. Mais le bébé vous le fera savoir. S'il cesse de pleurer quand vous le prenez dans vos bras, s'il se calme pour regarder ce qui l'entoure, s'il est capable de boire l'eau tiède et de faire un renvoi, si vous sentez son corps se détendre, tout va bien. Ce qui ne l'empêchera pas de se remettre à pleurer dès qu'il quittera vos bras. Si, en revanche, les pleurs empirent et deviennent moins prévisibles, il est toujours sage de demander conseil à votre pédiatre ou à votre puéricultrice.

Cette phase nécessaire, mais éprouvante, peut constituer un «point fort», un moment d'apprentissage pour le bébé comme pour les parents. Je ne dis pas qu'il faut négliger les besoins du bébé. S'il pleure de plus en plus, il doit être pris au sérieux. Si cette période s'intensifie et se prolonge, je conseille de rechercher d'autres raisons – un lait qui ne lui convient pas, un reflux gastrique acide dans l'œsophage ou d'autres causes qui expliqueraient cet appel à l'aide caractéristique.

Mais la méthode que j'ai décrite vaut la peine d'être tentée. Vous en serez amplement récompensés : après une crise de pleurs, le bébé est prêt à mieux dormir et à mieux boire. Son système nerveux en développement, encore sensible, se réorganise. Bientôt, il sera en mesure de sourire, de vocaliser et de faire la différence entre sa mère, son père et les autres personnes de son univers.

De quatre à six semaines

C'est à cet âge, ou peu après, que les pleurs de fin de journée atteignent leur point culminant. Le pédiatre ou la puéricultrice doivent déjà avoir vu le bébé pour un premier bilan. S'il grossit et affiche un état général satisfaisant, les parents encore alarmés par les pleurs pourront être rassurés.

Il n'empêche que la période de pleurs qui se met en place à trois semaines introduit un nouveau stress dans la relation parents-nourrisson en voie de formation. De nombreux parents se sentent seuls et effrayés. Mais s'ils reçoivent le soutien nécessaire, ils comprendront l'importance de ces points d'achoppement et se sentiront capables de s'y mesurer.

Quand faut-il s'inquiéter ?

Quelques points importants doivent retenir votre attention quand vous essayez de comprendre ce que vous disent les cris de votre bébé.

Un cri extrêmement perçant ou aigu peut être un cri de douleur signifiant qu'il est nécessaire de voir un médecin. Les pleurs normaux à cet âge surviennent habituellement en fin d'après-midi ou en début de soirée, au moins trois jours par semaine. Des pleurs qui n'entrent pas dans ce schéma peuvent avoir une autre signification. En règle générale, les pleurs de fin de journée ne durent pas plus de trois heures ; ils commencent à l'âge de trois ou quatre semaines, culminent vers huit semaines et se calment à trois ou quatre mois. Si les pleurs de votre bébé ne correspondent pas à ce modèle, ou se prolongent avec la même intensité au-delà de quatre mois, consultez votre pédiatre.

Le reflux gastro-œsophagien. Si votre bébé régurgite souvent, vomit et perd du poids, il souffre peut-être d'un reflux gastro-œsophagien. Mais dites-vous que 50 % des bébés de deux mois « recrachent » au moins deux fois par jour. Les nourrissons souffrant de reflux gastro-œsophagien sont une minorité – moins de 5 % des bébés de moins de trois mois sujets à des « coliques ». Ils présentent habituellement d'autres symptômes : ils s'étranglent, ont des haut-le-cœur, sont irritables, traversent des périodes où ils cessent de respirer, connaissent des crises de hoquet, refusent de boire (détournant la tête et se cambrant, même s'ils ont faim) et perdent du poids, entre autres. Ces symptômes doivent être évalués par un pédiatre.

Les allergies au lait. Les nourrissons souffrant de telles allergies, moins fréquentes qu'on ne le croyait autrefois (environ 10 % des nourrissons à « coliques »), vomissent ou ont la diarrhée (avec parfois du sang dans les selles) ; il se peut également qu'il y ait des antécédents d'asthme ou d'eczéma dans la famille. Mais il existe une quantité de laits de substitution, et votre pédiatre saura vous aider à prendre votre décision.

Autres causes de pleurs. De façon exceptionnelle, les pleurs chez un nourrisson de cet âge peuvent avoir une origine plus sérieuse, telle qu'une malformation cardiaque ou des migraines – deux causes entraînant des pleurs qu'il vous sera difficile de calmer en prenant le bébé dans vos bras. Un nourrisson souffrant de migraines, toutefois, a en général des parents proches atteints de la même affection. Des pleurs persistants, difficiles à apaiser, peuvent aussi résulter de médicaments auxquels le nourrisson a été exposé au stade du fœtus ou, rarement, de médicaments absorbés par la mère qui passent dans son lait. Enfin, un nourrisson de cet âge qui est maltraité risque aussi de pleurer sans pouvoir être consolé. Beaucoup de parents craignent de ne plus parvenir à se dominer quand leur bébé refuse de s'apaiser. Cette période difficile présente des risques pour les parents et pour les nourrissons. Si les cris de votre bébé vous poussent à bout, surtout recherchez le soutien de votre pédiatre, de votre puéricultrice ou d'un autre professionnel de santé. (Voir aussi *Quelques sites Internet pour plus d'informations.*)

La dépression postnatale

La dépression postnatale touche en gros 10% des femmes au cours des douze mois qui suivent l'accouchement. On a longtemps cru que les mères dépressives étaient responsables des pleurs de leur nourrisson. Mais on a aujourd'hui la preuve que ce sont les pleurs qui augmentent le risque de dépression chez la mère.

Face à un enfant qui pleure de manière incontrôlable, une mère ne peut que se sentir démoralisée et impuissante. Elle va tout tenter et, ce faisant, stimuler excessivement le bébé, avec pour seul résultat d'aggraver la situation. Elle aura l'impression que c'est sa « faute » si le bébé pleure, mais n'aura pas de solution pour autant. Une mère souffrant de dépression postnatale – dont le paroxysme peut survenir juste six semaines après l'accouchement – craint de ne pas aimer son bébé ou d'être une « mauvaise mère ». Elle se sent « déconnectée » de son enfant, incapable de prendre plaisir à être avec lui. On comprend aisément qu'un bébé qui pleure et ne réagit pas aux apaisements maternels renforce ce sentiment. Une mère déprimée prend souvent les cris de son nouveau-né comme une critique personnelle, voire un rejet.

Souvent, les femmes qui souffrent de dépression postnatale n'en reconnaissent pas les symptômes, pas plus d'ailleurs que leur mari ou les autres membres de la famille. Le père, lui, peut éprouver un sentiment d'impuissance et d'ambivalence. Dans ces conditions, une famille répugne à chercher de l'aide. Pourtant, si la dépression est traitée sans attendre par un psychologue ou un psychiatre, tout rentre dans l'ordre – chez la mère comme chez le bébé.

Du répit pour les jeunes mères

Déprimée ou pas, une jeune mère a besoin de temps pour elle pendant cette période éprouvante. Elle doit pouvoir compter sur le soutien de la famille, des amis, du pédiatre ou de la puéricultrice.

Notre culture est particulièrement chiche de son aide aux jeunes parents. Au Japon, dans les îles Goto, situées au large de Nagasaki, la toute nouvelle mère revient vivre chez ses parents. Là, on la couche sur un futon, bien couverte, le bébé à son côté. Ses parents, beaux-parents, tantes et grands-parents conjuguent leurs efforts pour prendre soin d'elle tout au long du premier mois. On l'aide à faire sa toilette, sa mère la nourrit avec des baguettes, on la masse et on la traite comme un bébé. On va jusqu'à lui parler d'une voix haut perchée (comme à un petit enfant), et elle répond de même. Sa seule tâche consiste à nourrir son bébé et à s'en occuper. Les médecins locaux me disent qu'on ignore la dépression postnatale dans ces îles. Le premier mois écoulé, la mère rentre chez elle pour continuer à s'occuper du bébé, et aider son mari à tendre ses filets et à nettoyer le poisson, car il s'agit d'une culture de pêcheurs.

Je donnerais beaucoup pour que tous les parents de la planète se voient accorder un peu du soutien et du respect dont jouissent ceux des îles Goto dans leur nouvelle fonction. J'aimerais qu'ils puissent compter sur l'appui de leur famille et des professionnels de santé pour vivre cette phase d'adaptation capitale.

Un nourrisson apprend à se calmer de lui-même

À mesure que le nourrisson grandit, l'un des principaux rôles des parents est de l'aider à «apprendre» à se calmer de lui-même. Je suis toujours heureux de me pencher sur un nourrisson de quatre ou six semaines qui a déjà mis en place des techniques d'autoréconfort – son pouce ou une tétine, une position qui lui convient. Lorsque, au Children's Hospital de Boston, nous voyons un nouveau-né sucer son pouce pour se réconforter, nous savons qu'il exploite des ressources innées auxquelles il pourra recourir quand il se sentira seul ou perturbé.

J'en apprends beaucoup sur un bébé quand je peux observer comment il procède. Il s'agite dans son berceau en cherchant une solution, comme s'il savait que c'est à lui de la trouver ; ou alors il perd le contrôle de la situation et tombe à la merci des pleurs et des tressaillements. S'autocalmer est le premier pas vers l'indépendance, et une des toutes premières réussites de la vie.

J'ai toujours pressé les parents d'admirer et d'apprécier à sa juste valeur la capacité d'un nouveau-né à se réconforter de lui-même. On peut aussi recourir à une tétine pour aider le bébé à maîtriser son agitation, afin de lui permettre de tourner son attention vers l'extérieur et d'apprendre à connaître son monde. Je recommande toujours de lui donner la possibilité de sucer un objet (incassable, trop gros pour être avalé et non toxique, cela va de soi). Et, bien entendu, le sein de sa mère ou son pouce, même quand il se trouve dans les bras réconfortants d'un parent. Mais s'il réclame trop souvent le sein, sa mère risque de voir son lait se tarir. Ses seins ont besoin de s'adapter à un cycle périodique : jaillissement du lait, pause, jaillissement du lait, avec des intervalles de repos et de lactation. À six semaines, j'aime voir les bébés s'orienter vers un programme de tétées et d'éveil toutes les trois heures. Comme nous l'avons vu plus haut, la période de pleurs de fin de journée semble organiser ces cycles. Ils deviennent plus prévisibles, entrecoupés de périodes de calme plus nombreuses entre les tétées.

Si un bébé n'a pas appris à se réconforter de lui-même, je conseille d'essayer de l'y encourager pendant la journée. Le soir, il doit déjà recourir à ses propres techniques d'autoréconfort quand il sort du sommeil profond. Aussi, aidez-le à s'y exercer pendant la journée, à trouver son poing ou ses doigts afin de mettre en place un schéma de succion. Les diverses cultures portent un jugement différent sur la capacité d'un jeune nourrisson à se réconforter. De même, les techniques d'autoréconfort « acceptables » varient d'une région à l'autre. En Amérique, le pouce ou la tétine sont aujourd'hui entrés dans les mœurs.

Notre propre petite enfance influe parfois sur nos réactions face aux pleurs et aux méthodes de réconfort du bébé. Pour ma part, je souhaitais vivement que notre premier bébé mette en place un schéma d'autoréconfort. C'était une petite fille facile, qui dormait profondément et se réveillait pour les repas à des horaires prévisibles. Elle commença très tôt à sucer son majeur et son annulaire – technique peu courante. Elle les suçait vigoureusement, en faisant du bruit, et tirait manifestement beaucoup de plaisir de cette activité. Pourtant, je me surpris à lui ôter les doigts de la bouche, comme pour l'en dissuader. Ma femme me fit remarquer que je ne conseillais jamais à un parent d'empêcher un nouveau-né de sucer ses doigts. Ma mère, lorsqu'elle vint nous rendre visite, observa le manège du bébé et s'exclama : « C'est stupéfiant ! Ton bébé suce les mêmes doigts que toi quand tu étais petit. Je passais mon temps à essayer de te les retirer de la bouche. » Je compris alors que mon combat contre cette habitude était un « fantôme » de ma chambre d'enfant.

Nos habitudes d'antan gouvernent notre comportement. Dès que j'eus pris conscience des raisons de mon refus, je cessai d'intervenir. Identifier nos « fantômes » nous aide à adopter une autre attitude vis-à-vis de nos enfants. Les soins et l'éducation que l'on nous a prodigués pendant l'enfance ont un retentissement décisif sur nos propres compétences. Devenus parents à notre tour, nous en reproduisons les qualités et les défauts.

Huit semaines

Les pleurs d'irritabilité de fin de journée suivent une courbe ascendante jusqu'à huit semaines, puis s'atténuent. Déjà se profile la récompense de ces premières semaines de stress, pendant lesquelles le bébé a bataillé ferme pour s'apaiser et s'organiser. Si l'envie vous prend de vous pencher sur son berceau pour lui dire des tendresses, il y a des chances qu'un sourire ou des vocalises vous accueillent. Les pleurs et les cris se sont effacés pour laisser place à un bébé plus facile à comprendre, semble-t-il, et d'humeur joueuse – un « point fort » excitant pour les parents comme pour l'enfant.

Désormais, les pleurs et l'agitation ne surviennent plus forcément en fin de journée. Ils surgissent à l'improviste, mais ils sont plus brefs et moins inquiétants.

Souvent, ils paraissent avoir une fonction clairement définie. Le nourrisson a maintenant appris à appeler ses parents par une petite plainte. Si elle ne suffit pas à vous faire accourir, il se calme de lui-même ou pleure plus fort, avec plus d'insistance. On dirait qu'il apprend le pouvoir de ses pleurs : ils sont le moyen de vous faire venir pour le nourrir, le changer ou simplement lui parler. Déjà il vous montre qu'il a besoin de moments de jeu avec vous.

Le matin et pendant la plus grande partie de la journée, les parents répondent volontiers à ces cris exigeants. Certains me disent même aimer être ainsi convoqués : ils se sentent indispensables – et leur bébé le sait. Mais vers la fin d'une journée active, quand les parents sont fatigués, ce petit jeu peut perdre de son charme. Les parents m'expliquent même qu'ils ont l'impression d'être « manipulés ». « Et il est si petit. Cela promet pour plus tard ! Je ne veux pas en faire un enfant gâté-pourri en me précipitant au moindre petit cri ! »

De nouvelles récompenses

Bien entendu, il est important de répondre à ces appels. Et l'accueil ravi que vous réserve votre bébé vous fait fondre. Personne ne doit s'inquiéter de «gâter», par une telle attitude, un enfant de cet âge. En réalité, c'est l'inverse qui se produit. Quand vous pouvez satisfaire la sociabilité d'un bébé de deux mois, vous lui donnez toutes les chances d'être un enfant heureux, comblé. Il frétille et gigote chaque fois que vous apparaissez et que vous vous penchez sur lui. Il sait que vous êtes là pour lui. Plus tard, il sera prêt à s'amuser tout seul si vous n'êtes pas disponible.

C'est à peu près à cette période que votre bébé vous offre la merveilleuse récompense de son sourire, plus régulier, et vous le savez sincère. À huit semaines, il semble être volontaire; le bébé est capable de sourire plus souvent, et de sa propre initiative. Quel plus sûr témoignage de réussite pour les parents?

Tandis que le bébé apprend à se servir de tout son visage pour s'exprimer, les parents prennent de plus en plus conscience de sa faculté de communiquer avec eux. Chaque sourire garantit qu'ils feront tout pour en obtenir un nouveau.

Les parents ont appris à gérer les épisodes de pleurs. À présent, ils entendent s'amuser aussi en communiquant avec leur bébé. Le premier véritable révélateur de son développement cognitif est sa capacité nouvelle à faire la différence entre son père et sa mère. (Voir l'encadré *Une expérience*.) C'est aussi un signe que le nourrisson et les parents cherchent à se connaître mutuellement. Les parents que leurs obligations retiennent toute la journée à l'extérieur disent souvent : « Va-t-il finir par me connaître ? » La réponse est oui.

Un peu plus tard pendant cette période, vers trois mois environ, les parents savent imiter les expressions de leur bébé pour s'attirer un sourire. Leur voix caressante crée un cocon aimant autour d'eux et de leur enfant. Leur comportement souriant leur vaut de plus en plus de sourires confiants de la part du bébé. Daniel Stern, pédopsychiatre et auteur d'ouvrages sur les enfants, parle de « jeu » interactif. La mère sourit, le bébé sourit, la mère recommence, son bébé en fait autant : cet échange se répète à trois ou quatre reprises sur un mode rythmé. Parallèlement, tout le corps du bébé réagit : ses doigts, ses orteils, ses jambes, ses bras, son visage sourient et cessent de sourire trois ou quatre fois par minute. Quel parent n'entrerait-il pas dans le jeu ?

Plus on sourit à un bébé, plus il est disposé à sourire et à répondre aux sourires de ses parents qui surenchérissent, incapables de résister à cette escalade. Le parent se dit : « Je me débrouille comme un chef ! » Il en éprouve un sentiment de réussite et ne demande qu'à réagir aux sollicitations de son bébé.

Une expérience

Une petite expérience va vous permettre de voir tout ce que votre bébé a appris pendant cette période de désorganisation et de réorganisation.

• Commencez par mettre en place la configuration suivante : la mère et le bébé sont seuls dans une pièce.

• Installez le bébé dans un transat en position inclinée.

• Ce faisant, évitez de le regarder.

• Puis asseyez-vous calmement en face de lui et parlez-lui.

• Observez ses bras, ses jambes et ses expressions pendant que vous lui parlez.

• Lorsqu'il sourit ou vocalise à votre intention, répondez-lui doucement en l'imitant. Regardez-le instaurer un échange avec vous au moyen de ses yeux, de son visage, de ses bras, de ses mains, de ses jambes et de ses pieds. Tout son corps vous reconnaît et vous le dit par des mouvements très doux. Trois ou quatre fois par minute, ses doigts et ses orteils se tendent vers vous et se rétractent.

• Maintenant, demandez au père de s'asseoir en face de lui.

• Regardez le visage du bébé : il s'illumine. Ses sourcils se haussent. Ses yeux étincellent. Ses pieds et ses mains se projettent vers lui, comme s'il s'attendait à ce que son père commence à jouer.

• Observez-le tandis que son père commence à l'exciter gentiment et à le taquiner. Certains pères donnent de petites bourrades, d'autres chatouillent, d'autres encore jouent différemment.

• Tout le corps du bébé est crispé de joie, au « garde-à-vous », anticipant déjà les échanges que seul son père sait instaurer avec lui.

• Le style des parents décline une gamme infinie, mais le bébé a appris à faire la différence entre chacun et sait déjà y adapter ses réactions.

Identifier les pleurs

Vers huit à dix semaines, les parents progressent dans l'identification des divers pleurs de leur bébé. Les différences que nous avons déjà mises en évidence apparaissent plus nettement. Désormais, les horaires – sommeil, éveil, tétées – deviennent un peu plus prévisibles. La famille peut envisager de définir le programme de la journée. Cette possibilité permet aussi aux parents de mieux comprendre la signification d'un cri ou d'un pleur – il s'est écoulé trop de temps depuis le dernier repas ou le dernier somme, le bébé est réveillé depuis trop longtemps sans avoir eu l'occasion de jouer. Ils ont le sentiment de connaître de mieux en mieux leur bébé et les raisons de ses pleurs.

L'ennui : le bébé geint et s'agite. Il cherche son pouce ou sa tétine. Il s'arrête net dès que vous vous penchez sur lui ou même lui parlez de loin.

La fatigue survient en fin de journée, ou après un excès d'agitation ambiante et de stimulations. Sa manifestation ressemble aux pleurs d'irritabilité rythmés de fin de journée. Apaisez-le, réconfortez-le, mais sans ajouter à l'excès de stimulation.

La faim s'accompagne du réflexe de fouissement; le bébé cherche quelque chose à sucer. Si vous le nourrissez, vous saurez tout de suite que c'est bien de faim qu'il s'agit. Observez avec quelle intensité il se concentre sur le biberon ou le sein, regardez-le abaisser ses paupières de plaisir et de contentement.

La douleur provoque des pleurs tout à fait caractéristiques à cet âge. Maintenant que vous êtes habitué(e) aux pleurs de votre bébé, ceux-là vous font tressaillir par leur timbre aigu, par leur persistance. Le visage de l'enfant est crispé. Il vous regarde avec insistance, ses yeux vous implorent. Il serre parfois ses bras et ses jambes contre lui, comme pour se protéger. Ou bien il se cambre. Votre cœur s'affole, votre respiration se bloque. Vous êtes en pleine détresse. Ses pleurs semblent ne jamais vouloir cesser. Ils commencent à faiblir car il se fatigue, mais rien ne paraît le soulager longtemps. Si vous ne parvenez pas à trouver la raison en le palpant doucement, il est temps d'appeler à l'aide.

À cet âge, votre bébé et vous commencez à bien vous connaître. Rappelez-vous les premières semaines où vous tâtonniez. Tous les cris et pleurs vous paraissaient identiques : exigeant quelque chose, mais quoi? Il vous mettait à l'épreuve. Vous nagiez dans le noir. Vous essayiez tout, avec pour unique résultat d'aggraver la situation. Au lieu de s'apaiser, il pleurait de plus belle.

Maintenant, forts de quelques mois d'expérience, vous sentez que vous distinguez entre les différents pleurs. Ils sont toujours exigeants, mais vous contrôlez infiniment mieux vos réactions. Vous pouvez prendre le bébé dans vos bras et le câliner, vous asseoir et le bercer, lui offrir son pouce ou une tétine pour voir si le fait de sucer quelque chose résoudra le problème, et même vocaliser ou vous pencher sur lui pour lui parler. Vous sentez qu'être ses parents tient du miracle. Une sorte d'assurance se met en place. Savourez-la, soyez fiers de l'apprentissage qu'elle sous-entend – de votre part comme de la sienne. Même les fameuses « coliques » auront eu un avantage : vous savez maintenant que vous ne les confondrez pas avec une vraie souffrance.

Quatre mois

Les pleurs et la communication « en clair »

À ce stade, les pleurs de fin de journée se sont tus. (S'ils persistent, demandez à la personne qui suit votre enfant de procéder à une évaluation pour déceler un problème éventuel.) Les pleurs de faim, d'inconfort ou d'ennui, ou ceux servant à réclamer l'attention, sont reconnaissables. Des rythmes se sont mis en place, et habituellement les horaires des tétées sont prévisibles. Si celles-ci sont encore trop fréquentes ou vous paraissent trop désordonnées, laissez votre bébé pleurer un peu avant d'aller le prendre – vous verrez ainsi s'il est capable d'exploiter ses propres ressources pour se calmer. Si ce n'est pas le cas, il est temps que vous l'y aidiez. Sa journée devrait maintenant se répartir en périodes de trois ou quatre heures : repas, sommeil, jeu. Il devrait être capable : 1) de trouver son poing; 2) de se tortiller dans son lit pour adopter une position confortable; 3) d'accepter sa tétine et de tendre les deux mains pour la saisir avec affection; 4) de prendre plaisir à jouer avec un objet accroché au-dessus de son lit ou à regarder un mobile. Cela ne dure pas, mais suffisamment tout de même pour que ses parents sachent qu'il dispose à présent de nouvelles sources d'intérêt – progrès majeur sur la voie de l'indépendance. Enfin, 5) lorsque aucune de ces ressources ne lui convient, il doit être capable de vous le faire savoir. Ses messages sont clairs, les vôtres aussi. Vous commencez à vous connaître.

Les pleurs nocturnes

Le soir, les pleurs du bébé sont encore aigus et exigeants. Mais lorsqu'il parvient à un état de semi-éveil, toutes les trois ou quatre heures, il apprend vite à changer de position dans son lit pour se rendormir. Il est alors capable de dormir huit ou neuf heures d'affilée. Mais pas toujours. À quatre mois, beaucoup de bébés n'ont pas encore appris à se rendormir après le premier éveil du sommeil léger qui survient toutes les trois, quatre heures. Lorsque leur bébé les appelle, la plupart des parents se sentent tenus de réagir – de le nourrir, de le bercer en chantonnant, de l'apaiser avec une tétine... N'importe quoi, pourvu qu'eux puissent se rendormir ! Les adultes privés de sommeil sont prêts à tout. Les pleurs du bébé et leur propre épuisement les poussent à bout. Heureusement, la grande majorité des parents se dominent et cherchent à se faire aider. (Voir *Quelques sites Internet pour plus d'informations.*)

À ce stade, les parents doivent laisser l'enfant dans son lit et l'aider à apprendre à se rendormir de lui-même. Mais ils auront du mal à s'y résoudre. Les pleurs insistants, exigeants dont est capable un bébé de cet âge peuvent les amener à : 1) lui proposer à boire ; 2) le prendre dans leur lit ; 3) faire n'importe quoi en désespoir de cause.

Comme il est difficile d'imaginer des solutions pendant une nuit d'insomnie, les parents doivent marquer un temps d'arrêt et réévaluer la situation – pendant la journée. Si les pleurs nocturnes surviennent après des événements inhabituels – par exemple une journée trop remplie –, leur bébé leur fait peut-être comprendre ainsi qu'il a besoin d'évacuer un trop-plein d'excitation. S'il se réveille parce qu'il a perdu son pouce ou sa tétine, apprenez-lui doucement à les retrouver. Vous pouvez attacher sa tétine à sa manche pour l'y aider (mais de façon assez lâche pour ne pas gêner la circulation, et avec un lien assez court pour qu'il ne puisse pas l'enrouler autour de son cou ou d'une autre partie de son corps). Comme il doit dormir sur le dos, il ne pourra peut-être pas réprimer les tressaillements qui le perturbent. Emmaillotez-le à partir de la taille, mais suffisamment serré pour qu'il ne risque pas de se faufiler sous les langes et de s'étouffer – surtout s'il bouge la nuit.

Apprenez-lui à se calmer, non pas en le laissant hurler jusqu'à ce qu'il « s'épuise », mais en l'apaisant avec douceur et fermeté pour qu'il se rendorme. Votre exaspération et votre colère pourraient déteindre sur lui ; or il a besoin de prendre modèle sur votre calme. Asseyez-vous plutôt près de son lit et calmez-le en lui répétant : « Tu te calmes. Tu es capable de te calmer. » Tout en lui murmurant ces paroles rassurantes, vous vous convainquez que vous êtes, vous aussi, capable de surmonter ces réveils nocturnes éprouvants.

L'éveil de la curiosité

Des pleurs d'un type nouveau s'annoncent. À quatre ou cinq mois, on observe un point fort chez le bébé, un « bond » dans sa prise de conscience du monde qui l'entoure. Il commence à se montrer beaucoup plus curieux de ce qu'il voit et entend. Mais tout point fort a son prix. Le bébé de quatre mois veut tout voir et tout entendre, et se désintéresse du sein ou du biberon. Sa capacité à saisir un jouet et à s'amuser avec l'incite à explorer ce type d'objets. Il les porte à sa bouche, ses doigts en tâtent toutes les facettes. S'il trouve quelque chose à palper, à voir ou à écouter, son visage s'illumine. Il part à la découverte. Au bout de deux ou trois essais, son intérêt retombe. Il geint. S'il laisse tomber l'objet, nouvelle plainte. « Aide-moi », comprend le parent qui se trouve à proximité. Lui rendre l'objet peut le satisfaire une fois ou deux, mais il apparaît vite que désormais ce jouet l'ennuie. Si on lui en tend un autre, on aboutit rapidement au même résultat. Le bébé commence à s'agiter et à détourner la tête d'un côté et de l'autre. Rien ne semble lui convenir.

Un parent exaspéré mais bien avisé le prendra alors dans ses bras pour le câliner ou le promener. Au bout d'un petit moment, il le recouchera pour l'apaiser. Après avoir un peu pleuré, le bébé s'endormira pour une courte période. Et se réveillera fin prêt pour de nouvelles découvertes. Mais il est probable que rien ne retiendra longtemps son attention. Le bébé aborde en réalité un nouveau palier d'exploration, de jeu et d'adaptation. Les repas, le sommeil, les habitudes en sont tous affectés. Ce type de pleurs signifie-t-il qu'il s'ennuie ou qu'il réclame ? Qu'il est fatigué ou qu'il est mécontent de lui ? Tout cela à la fois. Même un parent attentif devra le laisser gérer seul cette phase.

Première prise de conscience des étrangers

Lorsque je reçois un bébé de cet âge dans mon cabinet, en général il me sourit et gazouille à mon intention de l'autre côté de mon bureau. Mais dès qu'on le pose sur la table d'examen pour le dévêtir, son visage se rembrunit et son corps se crispe. Il nous avertit qu'il a conscience de se trouver dans un environnement inconnu. Son comportement corporel m'informe qu'il est extrêmement sensible à la nouveauté. Si je me penche vers lui à ce moment-là, il «craque» et se met à pleurer bruyamment et à protester. Si j'ajoute ma voix pour essayer de le calmer, ses pleurs s'intensifient. Si j'essaie de le prendre dans mes bras pour le réconforter, il proteste avec encore plus de véhémence.

C'est un des premiers signes de la «conscience des étrangers». (Habituellement, elle connaît un pic à huit mois.) L'enfant ne veut pas qu'un étranger s'occupe de lui dans une situation qui lui est, elle aussi, étrangère. Grands-parents, méfiez-vous ! Quand je me suis rendu compte que c'était cette prise de conscience qui était à l'origine de l'attitude du bébé, j'ai eu l'idée de placer le parent à côté de lui et moi pour qu'il ne soit pas obligé de me regarder pendant que je l'examinais. Le tour était joué. Dans ces conditions, le nourrisson me laisse le palper à ma guise, écouter les battements de son cœur et sa respiration, et même examiner ses oreilles et sa gorge, du moment que lui ne voit qu'une chose : le parent.

Le rire et les jeux

Lequel des deux parents a-t-il le plus de chances de faire rire le bébé? Son père! Nos recherches ont montré que les bébés se comportent de manière différente avec les mères, les pères et les autres personnes. Ils possèdent une gamme de réactions précises pour chacun des adultes importants. Comme vous l'avez constaté si vous vous êtes livrés à l'expérience proposée un peu plus haut, la mère suscite des mouvements calmes et tranquilles des bras, des jambes, des doigts et des orteils, et un sourire qui éclaire doucement le visage de l'enfant. Lorsque le père fait son apparition, tout change chez le bébé. Son visage se lève vers lui, ses sourcils, ses paupières, sa tête l'accueillent. Ses doigts, orteils, bras et jambes se tendent à sa rencontre avec des mouvements saccadés. Il va moins sourire qu'éclater de rire, moins vocaliser que glousser de joie. Tout son corps attend déjà les bourrades et les petits coups paternels et s'apprête à jouer. Il a déjà appris que ses parents étaient différents l'un de l'autre, et il s'efforce de répondre à cette différence en modifiant son propre comportement. Il les connaît en tant qu'individus, et il le montre.

À mesure que la capacité du bébé à utiliser ses muscles faciaux s'accroît, ses sourires se multiplient et transportent ceux qui l'entourent. Le bébé sait les séduire. Il sait les retenir. Il commence à éprouver un sentiment de puissance. À quatre ou cinq mois, tandis que son intérêt pour le monde environnant s'étend, il arrive souvent qu'il émette un cri ou tente de se faire entendre. Lorsque le destinataire de son appel s'approche, son sourire s'élargit. Tout son visage participe à cet effort. Il prend conscience du fait que son sourire a un pouvoir! Il peut même glousser de joie. Le rire ou les gloussements surviendront plus souvent après quelque chose d'inattendu.

Au cours des mois suivants (entre six et huit mois), les jeux à surprise, comme «coucou-le-voilà», passionnent le bébé. Quand le jeu s'établit et que la surprise vient, il éclate d'un rire sonore, contagieux. Du coup, le parent le chatouille pour en obtenir un autre. Les rires et le jeu de cache-cache se poursuivent jusqu'à ce que le bébé se fatigue et dise en détournant le regard et la tête : «J'en ai assez! »

Le sourire et le rire sont développés par l'enfant au cours de ses premiers mois pour attirer les personnes importantes de sa vie. Dans les petits jeux qui s'ensuivent, le bébé et l'adulte ressentent la chaleur et la joie qu'un système de communication fiable et gratifiant entretient.

Si un bébé de six mois ne réagit pas à un adulte ou à un autre enfant en souriant, en gigotant et en vocalisant, je craindrais qu'il ne soit déprimé ou renfermé, ou bien en retard dans son développement social ou sa capacité à communiquer. Une évaluation par un professionnel de santé qui comprend les bébés est peut-être nécessaire.

Les vocalises

Dans le cadre de nos recherches, nous installons un bébé dans un transat et invitons le parent à se pencher vers lui pour déclencher un échange. Pendant trois minutes, tous deux communiquent sur un mode comportemental rythmé : sourire-sourire, vocalise-vocalise. Le bébé gazouille, tend ses bras et ses jambes, fait joyeusement comprendre au parent : « Tu es là avec moi et nous communiquons ! »

Pendant ces « jeux », le bébé se montre capable de maîtriser ses tressaillements et réagit par une série d'imitations. Les vocalises font partie de ces échanges attendus. Bien qu'il se comporte différemment selon qu'il se trouve avec sa mère, son père ou une autre personne, les sons qu'il émet sont prévisibles et prolongés. Habituellement, pendant au moins trois ou quatre vocalises, la mère reste sur son siège ; elle répond au bébé et communique avec lui. Avec le père, les vocalises montent en puissance et se transforment en petits cris à la troisième ou quatrième émission. Bientôt le père se penche en avant, assis sur le bord de son siège pour titiller ou taquiner le bébé, dont l'excitation est vite à son comble. Le registre de la mère se caractérise par sa douceur ; sereine et apaisante, elle se satisfait des roucoulements de son enfant.

À six, sept mois, les vocalises s'organisent en un semblant de « ma-ma-ma », voire « pa-pa-pa ». J'ai toujours été fasciné de constater que les bébés réservent au père leurs « pa-pa » excités, comme s'ils étaient pris de vertige. Ils gloussent, se tortillent et se donnent un mal fou pour émettre ces sons. Le « ma-ma » semble avoir pour vocation de les calmer et de les apaiser. « Disent »-ils déjà ce qu'ils ont appris à attendre de ces premiers « mots » ? Ou bien les parents leur enseignent-ils ces sons pour les aider à distinguer entre leurs rôles respectifs ? À six ou sept mois, les bébés ne maîtrisent pas encore leur signification, mais ils font déjà partie des jeux que les parents instaurent avec eux.

De sept à huit mois

Le cri d'appel à l'aide

À six mois, encore incapable de se soulever à l'aide de ses bras ou de rouler d'un côté ou de l'autre, le bébé reste assis comme un sac, le menton sur la poitrine, son ventre grassouillet bien en évidence. Il essaie de se mettre droit, mais après une brève tentative sa tête retombe vers l'avant. Si vous arrivez, il se redresse pour vous lancer un regard accusateur et implorant : « Pourquoi m'as-tu laissé dans cette position ? Je ne peux rien attraper, alors que maintenant je sais très bien le faire. Je n'arrête pas de m'affaisser, et je suis impuissant. » Il gémit, proteste et finit par se mettre à hurler, comme s'il appelait au secours. Le cri est aigu, exigeant. N'importe quel parent comprend le message : « Ou tu me prends, ou tu m'installes de façon que j'aie la possibilité de me retourner et d'aller où je veux.

Ou alors tu me cales en position semi-assise pour que je puisse attraper mes jouets et m'amuser un bon moment. Mais ne m'abandonne pas ! »

En même temps, le désir de sortir de cette dépendance passive incite le bébé à apprendre à utiliser son corps. Au cours du mois suivant, il saura probablement se mettre à plat sur le dos, se retourner sur le ventre et ramper d'un mouvement continu et élégant. Le parent qui l'observe ne s'en rend pas compte, mais il est sur la voie de l'indépendance. Des cris et des pleurs de frustration précéderont cette nouvelle compétence, mais ils ne dureront pas. Le bébé mettra sa frustration à profit pour trouver lui-même une solution.

Entre-temps, à mesure que la préhension se perfectionne, un autre type de frustration peut déclencher ses pleurs. Il veut ramasser de petits objets sur le tapis où il rampe. Au début, il utilise sa main entière comme une pince pour y parvenir. Sans succès. Vers sept ou huit mois, il recommence inlassablement, saisissant un objet sur la table, essayant de le tenir. Il l'envoie valser. Il regarde par terre pour le récupérer. C'est ce que nous appelons la « permanence des objets » : il sait que l'objet continue d'exister même quand il a disparu! Il ne peut pas l'atteindre et crie : «À l'aide!» Un parent pétri de bonne volonté deviendra vite l'esclave de ces appels. Si vous lui tendez l'objet, il le tripotera, tapera un grand coup avec et le refera tomber par inadvertance. Vous sachant là et tout disposé à jouer avec lui, il poussera un nouveau cri, puis un autre, et encore un autre. «Devons-nous continuer indéfiniment?» s'inquiètent les parents. Oui, et sans hésitation, si vous voulez jouer avec lui à «va chercher». Mais s'il essaie d'attraper les objets tout seul, il acquerra plus de dextérité – avec le temps.

Transformer les cris de frustration en apprentissage

La frustration du bébé quand il se découvre incapable de faire ce qu'il veut constitue un puissant moteur d'apprentissage. Observez-le quand vous le mettez au lit le soir. Il va se retourner sur le ventre et ramper. Ou encore lever sa main pour la regarder à la lumière, l'admirer, faire marcher ses doigts comme pour trouver le moyen d'améliorer leur fonctionnement. Ses pleurs de protestation contre le coucher peuvent s'arrêter net car une tâche plus importante retient son attention : affiner ses compétences. Quand nous couchions l'un de nos enfants à cet âge, nous nous attendions à l'entendre pleurer, malgré tous nos rituels apaisants du soir – bercement, petite chanson, lecture d'une histoire. Mais chaque fois que ses protestations s'interrompaient si soudainement, nous accourions pour voir s'il ne s'était pas étranglé, étouffé, ou si une autre de nos peurs de parents ne s'était pas concrétisée. En fait, il peaufinait tout simplement sa nouvelle dextérité, et nous nous sentions légèrement idiots.

Le silence comme signal d'alarme

Tandis que l'envie de ramper et même de se mettre à quatre pattes grandit, un autre cri apparaît. Le bébé se faufile maintenant dans des espaces où il peut rester coincé. Il va alors crier pour signaler son impuissance. Vous devez absolument le tirer de ce mauvais pas. Il peut même être en danger sans en avoir conscience, et ne pas vous alerter. Sa mobilité toute neuve exige que vous veilliez toujours à le laisser dans un endroit sûr. Il peut être si intéressé par sa capacité nouvelle à se déplacer, à se retourner, à chercher de nouvelles surfaces et objets à explorer que le silence est parfois un signal d'alarme plus inquiétant que les cris de protestation.

À mesure que la préhension et l'exploration tactile s'affinent, le silence peut cacher un autre danger. Sans faire de bruit, le bébé porte avec ravissement à sa bouche tout ce qu'il trouve, notamment de petits objets avec lesquels il peut s'étrangler, des objets tranchants susceptibles d'endommager son estomac ou des produits ménagers extrêmement toxiques. Mettez-vous à quatre pattes ; vérifiez tout ce qu'il pourrait découvrir dans la maison. Quand vous l'entendez « crapahuter » en émettant des cris de frustration et parfois de détermination, vous savez où il est et que tout va bien. Le silence vous dit : « J'ai des ennuis. »

La crainte des étrangers

Vers huit mois, la crainte des étrangers atteint son intensité maximale. Vous emmenez le bébé chez sa grand-mère. Votre sœur est là. Elles se précipitent pour vous accueillir – vous et *lui*. Tout le monde veut le prendre dans ses bras, mais vous avez la sagesse de refuser : « Laissez-le d'abord s'habituer à vous pendant que je le tiens. En ce moment, il n'aime pas passer de bras en bras. » Lui s'accroche encore plus fort à votre cou. Vous êtes trop occupée à discuter pour le remarquer. Vous savez que ces personnes, il les connaît. Mais vous prenez progressivement conscience de son petit corps crispé, de sa façon de s'accrocher à vos vêtements et de son visage figé, tandis qu'il dévisage avec un certain effroi votre mère et votre sœur. Soudain, quelqu'un bouge, parle ou tend les bras vers lui. Il se met à pleurer. Hurlant, cachant son visage, il se cramponne à vous avec frénésie. On se précipite pour vous aider. Ses hurlements redoublent. Il n'arrive même pas à reprendre son souffle. « Mais pourquoi se met-il dans un état pareil ? » s'étonne la famille. Vous voudriez rentrer sous terre.

Malheureusement, cet « état » représente un processus de développement prévisible à cet âge-là. Les parents ne s'étonnent pas si le bébé pleure et se replie sur lui-même en présence d'étrangers, mais sont surpris qu'il ait ce comportement face à des membres de la famille. « Elles, il les connaît ! Elles sont adorables ! Ma propre sœur semble l'effrayer. Ma mère, qui le garde si souvent, le terrifie soudain. Que se passe-t-il ? »

C'est un phénomène explicable et auquel il faut s'attendre. Un nouveau bond du développement cognitif qui permet au bébé d'effectuer désormais des comparaisons, et des différenciations très précises. Il est frappé par les différences subtiles qu'il note entre son père et le frère de son père, entre sa mère et la sœur de sa mère. Les grands-parents qui ont fait jusque-là partie de sa vie vont devoir s'armer de patience et attendre qu'il les ait inspectés de la tête aux pieds. Le bébé doit s'habituer à sa nouvelle compétence. Sa réaction de crainte face aux différences qu'il perçoit maintenant entre des membres de la famille que, pourtant, il connaît bien montre qu'il s'efforce de comprendre les clés de son univers. Cette phase ne durera que quelques semaines ou un mois, mais elle est capitale : le bébé met en place sa faculté d'effectuer des distinctions de plus en plus subtiles.

En tant que pédiatre, j'ai appris à ne jamais regarder en face un bébé que je vois pour la première fois. Sinon, je sais qu'il va immédiatement se retrancher derrière des pleurs bruyants et des hurlements. Bien entendu, aucune personne inconnue ou par trop enthousiaste ne devrait retirer un bébé de cet âge des bras de son parent. Ses cris constituent une défense contre des expériences nouvelles, excitantes, mais indiscrètes et qui le submergent. Les protestations exprime l'apprentissage intense et stupéfiant qu'il effectue à cet âge. Protéger le bébé devient la première tâche des parents. Ils peuvent prévenir la famille et les amis : « N'essayez pas de me le prendre des bras ni de le regarder dans les yeux. En ce moment, il se méfie de tout le monde sauf de nous. » Si la seule présence d'un « étranger » suffit à déclencher les pleurs, emmenez l'enfant à l'écart pour le câliner et vocaliser d'une façon qu'il connaît bien. Donnez-lui la possibilité de se remettre de ses émotions.

Quand les pleurs signifient « Tu m'as manqué »

Les bébés gardés à la crèche ou par une nourrice semblent gérer cette phase différemment. Ils apprennent à accepter que des personnes autres que leurs parents s'occupent d'eux, sans éprouver le même besoin de battre en retraite et de protester. Mais ils « craquent » souvent en fin de journée et s'effondrent en larmes quand leurs parents viennent les chercher. Ce type de pleurs est aussi dû à la nouvelle capacité du bébé à faire la différence entre un parent et un étranger, et à l'envie qu'il a gardée en lui tout au long de la journée de retrouver la présence de son parent. Malheureusement, certaines nourrices ou aides maternelles s'empressent de signaler à ce dernier : « Moi, il ne me fait jamais ça ! » Anéanti d'être ainsi stigmatisé, il se sent encore plus exclu par les protestations du bébé. Mais un parent qui comprend de quoi il retourne n'a pas à se sentir blessé. Prenez le bébé dans vos bras pour le serrer contre vous, le câliner, lui dire des douceurs. Vous lui avez manqué, et il veut que vous le sachiez.

Chaque fois que vous réapparaissez après une absence, attendez-vous à ce type de réaction. Comprenez que c'est la façon pour votre bébé de « renouer » avec vous – intensément, passionnément. Donnez-lui un « doudou », une peluche, une couche, un petit morceau de couverture, pour vous remplacer quand vous n'êtes pas là. Cet objet est aussi une façon d'encourager le bébé à se réconforter par ses propres moyens. Il lui procure une forme d'auto-apaisement qui l'aide à développer sa maîtrise de lui-même. « Mais il n'y renoncera jamais ! » s'inquiètent certains parents. Bien sûr que si, quand il sera prêt à devenir plus autonome. En attendant, son pouce et son doudou sont de merveilleux compagnons de route dans cette odyssée passionnante vers l'indépendance.

Dix mois

Pleurer pour se faire rappeler à l'ordre

Tandis que le bébé commence à partir seul en exploration, manipulant les objets avec une dextérité de plus en plus grande, le parent doit plus que jamais songer aux dangers qui guettent dans la maison, et toujours savoir exactement où il se trouve. En même temps, le bébé prend conscience du fait que ses explorations mettent tout le monde en émoi. Ces nouvelles ressources pour attirer l'attention de ses parents le fascinent. Il part à quatre pattes vers la cuisinière ou le poste de télévision, strictement interdits. Il jette un coup d'œil autour de lui pour s'assurer qu'un parent se trouve dans les parages, prêt à lui crier : « NON ! TU NE TOUCHES PAS ! » S'il n'y a pas de parents à l'horizon, il pousse un cri, comme s'il *imitait* ses propres cris de détresse. Il sait déjà qu'ils vont accourir. Lorsqu'ils arrivent, il file à quatre pattes – plus preste de jour en jour –, les mettant au défi de le pourchasser.

Cris de protestation, cris de soulagement

Dire « non » ne suffit pas. L'enfant sait déjà qu'il fait quelque chose de défendu. Il attend un rappel à l'ordre plus actif – qu'on le prenne dans ses bras, l'éloigne, voire lui interdise l'accès à l'objet prohibé et excitant. Ses protestations bruyantes se nuancent d'une note de soulagement. Il apprend à y mêler le « oui » et le « non ». Si vous l'écoutez avec attention, vous entendrez : « Dieu merci, quelqu'un sait me retenir ! Dieu merci, quelqu'un se soucie assez de moi pour le faire ! »

De nouvelles compétences et un nouveau cri d'appel à l'aide

La nuit, le bébé met en pratique sa nouvelle aptitude à s'agripper aux barreaux de son lit et à se mettre debout. Il recommence toutes les trois ou quatre heures, appelant à l'aide et pleurant, comme s'il était incapable de retrouver la position assise. Les parents me disent : « Il a besoin de moi ! Il ne sait pas se rasseoir. » Je leur demande alors d'un ton innocent : « Sait-il se mettre debout et se rasseoir tout seul pendant la journée ?
– Évidemment ! – C'est curieux qu'il n'essaie pas d'en faire autant la nuit, non ? » Les parents protestent : « Mais il n'est peut-être pas complètement réveillé. » Ils ont probablement raison. Chaque fois qu'il passe du sommeil profond au sommeil léger, le bébé éprouve le besoin d'exercer ses nouvelles

compétences. Si vous voulez qu'il apprenne à gérer la situation, vous devez lui montrer qu'il peut se tirer d'affaire tout seul. Je ne dis pas qu'il faut le laisser à ses hurlements. Si vous allez le voir et le poussez doucement, ce qui le fera automatiquement sortir les fesses en arrière pour se laisser tomber, il s'apercevra qu'il peut se débrouiller seul. Il apprendra aussi à se rendormir de lui-même chaque fois qu'il s'éveillera d'un sommeil léger. Asseyez-vous à côté de son lit pour le tranquilliser. Répétez-lui doucement, patiemment : « Tu peux y arriver tout seul. Tu es capable d'y arriver. »

Souvent, les parents me téléphonent une semaine après pour me dire que leur bébé sait maintenant sortir d'une phase de sommeil léger, se réveiller et s'agiter, se mettre debout, puis se rasseoir et se rendormir. Le schéma de sommeil a été sauvé !

Les pleurs du jeune enfant

Les pleurs de frustration

À présent qu'il sait marcher, et fort de sa nouvelle autonomie, le jeune enfant commence aussi à se comporter de manière plus dépendante. Il « craque » et hurle en fin de journée. Il perd le contrôle de la situation et pleure, inconsolable, avant chaque repas, chaque sieste. Comme s'il disait : « Cette conquête de l'indépendance – marcher, m'éloigner de vous, apprendre à vous taquiner pour vous faire réagir – me coûte beaucoup d'efforts. Un des seuls moyens dont je dispose pour les assumer est de m'effondrer. »

Ces pleurs de désespoir vous brisent le cœur. Ils sont parfois compréhensibles – avant la sieste ou quand l'enfant est épuisé en fin de journée. Ils peuvent aussi être provoqués par le moindre changement : une personne nouvelle, un endroit inconnu, un bruit soudain, ou même l'autre parent qui entre dans la pièce. « Il paraît si fragile. Est-il malade ? A-t-il un problème ? » Tenez toujours compte des signes pouvant révéler une indisposition ou une souffrance. Mais ces pleurs traduisent simplement l'intensité de sa nouvelle vie. Il apprend à tenir en équilibre sur ses pieds, et même à oser se lâcher. Il doit quitter le réconfort de la proximité de sa mère ou des bras de son père pour partir explorer le monde. Il ne manquera pas de tomber ou de trébucher. Les pleurs naissent de son insatisfaction, alors qu'il ne désire qu'une chose : marcher. Quand il tombe sur son postérieur rebondi, c'est de frustration qu'il pleure, pas de douleur.

Ce n'est plus un bébé

Quand vous prenez votre enfant dans vos bras pour le consoler, il s'effondre encore plus. Ce comportement de protestation a une signification : « Pose-moi par terre et laisse-moi me débrouiller tout seul. » C'est un message nouveau, rude pour les parents.

Quand il passe dans la pièce voisine, votre petit château branlant pousse soudain un cri, comme s'il s'était fait mal. Vous vous précipitez, et il semble rassuré de vous voir. Mais il ne vous laisse pas le prendre dans vos bras, ni même rester dans son champ visuel. Vous pensiez qu'il criait parce qu'il avait peur d'être seul dans une pièce obscure ou dans une cuisine strictement interdite. Il a certes besoin de votre réconfort – mais pas longtemps. Tous ses efforts tendent à concilier ce besoin avec un autre but : partir seul à l'aventure.

Lorsqu'il entreprend d'explorer son univers grâce à sa nouvelle compétence stupéfiante, la marche, le jeune enfant découvre l'ivresse de l'indépendance. Mais elle a un redoutable coût. « Papa sera-t-il encore là si je disparais de sa vue? Était-il vraiment furieux contre moi quand j'ai grimpé l'escalier tout seul? Si je touche la cuisinière alors que c'est interdit (pour vérifier si elle «BRÛLE» vraiment), restera-t-il fâché longtemps, longtemps?» Ce coût émotionnel se lit sur son visage pendant qu'il poursuit son exploration. Il ne cesse de se retourner pour voir si un parent l'observe tandis qu'il s'embarque dans ses petites expéditions hasardeuses. Si personne ne fait attention à lui, il pousse un cri sonore, exigeant.

Mais quand papa fait son apparition, son expression déconcerte souvent l'enfant. Il a l'air à moitié en colère, les yeux furieux, la bouche sévère. En même temps, son soulagement de trouver son petit enfant indemne transparaît aussi. Naturellement, lorsqu'il tend la main pour empêcher un mouvement dangereux, l'enfant refuse d'être arrêté! Il veut continuer, aller toujours plus loin, explorer et apprendre. Si bien qu'il se laisse choir, hurlant et se débattant. Les efforts de ses parents pour le calmer ne font qu'envenimer les choses. Parfois, le parent crie lui aussi : «Tais-toi! Arrête ce vacarme! » Sans plus de succès. (Voir *Colères*, au chapitre 3.)

Dans ces moments, vous vous sentez rejetés par l'enfant, voire abandonnés.

« Pourquoi cries-tu comme si tu avais besoin de moi, et puis, quand j'arrive, tu ne veux pas de moi ? » Un jeune enfant appelant à l'aide à tout bout de champ peut devenir si agaçant et si exigeant que l'exaspération, ou même la colère, vous gagne. Vous avez envie de lui dire : « Tais-toi ! Soit tu as besoin de moi, soit non, mais tu cries tellement fort que je ne sais plus où j'en suis ! » Lui non plus. Il veut de toutes ses forces être indépendant, mais en même temps cette indépendance l'effraie. Il sait qu'il n'est pas tout à fait prêt à affronter les dangers et l'excitation que lui promettent le fait de savoir marcher et ses nouvelles compétences.

Il s'agit d'un réel point fort, d'un moment où l'assurance hésitante qui incite l'enfant à se séparer de vous n'égale pas encore sa nouvelle capacité à « circuler » tout seul. Cela ne va pas durer. Il va apprécier de plus en plus l'indépendance. Mais alors vous devrez vous rendre à l'évidence : vous avez « perdu » votre bébé – et vous découvrirez peut-être que c'est à votre tour de pleurer.

3.

LES MESSAGES QUE TRANSMETTENT LES PLEURS D'UN ENFANT

Attirer l'attention

Face à un enfant qui pleure, même s'il s'agit d'un nouveau-né, un parent pense aussitôt : « Il pleure juste pour que je m'occupe de lui ! » Des pleurs légers, qui se calment dès qu'il s'approche, lui donnent le sentiment que le bébé « profite » de lui. Agacé, le parent peut même repartir. Les pleurs montent en puissance, plus exigeants, l'obligeant à revenir et à faire quelque chose (le prendre dans ses bras ou le nourrir). Il serait peut-être plus facile de commencer par se pencher sur lui et engager un échange de vocalises ou lui parler doucement. Mais, déjà, dans un coin de son esprit, le parent s'inquiète : « Est-ce que j'en fais un enfant gâté ? » À mesure que le bébé grandira et saura de mieux en mieux attirer votre attention, il y aura toujours des moments où vous devrez vous pencher sur lui et lui dire : « Tu es capable de te débrouiller. »

On voit mal comment les parents pourraient « gâter » un nourrisson alors qu'ils doivent impérativement apprendre ce que chaque cri signifie. Mais vers quatre ou cinq mois, comme nous l'avons vu au chapitre 2, il devient possible de laisser le bébé s'amuser seul pendant de courtes périodes. À mesure qu'il avance en âge et que vous distinguez sans peine les pleurs « exigeants » de ceux d'« enfant gâté », limiter vos réactions peut être une façon de lui dire : « Tu es capable de résoudre ce problème tout seul. » Personnellement, je commencerais par réagir puis, si cela ne suffit pas, je lui laisserais le soin de gérer la situation. Un enfant gâté est un enfant qui ne sait pas fixer de limites à ses exigences et qui, par son comportement, vous demande de le faire à sa place. Si vous observez son visage après une réponse ferme de votre part, vous le verrez se détendre et sourire – presque en signe de remerciement, comme si les limites fixées par vous le rassuraient.

Les pleurs de la deuxième année, ou même de la première, qui prennent les parents pour cibles et n'ont visiblement pas d'autre raison que d'accaparer leur attention, s'attirent un froncement de sourcils unanime. Un enfant anxieux, peu inventif, qui recourt à ce type de pleurs sera qualifié de capricieux. Même si elles ont pour but de faire réagir les adultes, ces larmes sont porteuses, de par leur nature même, d'un message : « Tu es incapable de me satisfaire. » Un enfant gâté est un enfant qui n'a jamais appris ses limites, jamais appris à se distraire ni à se réconforter de lui-même. Il a vécu dans un environnement excessivement protégé ou indulgent.

Certains parents feraient n'importe quoi pour leur enfant. Des moments difficiles les ont angoissés – par exemple une naissance prématurée, une maladie, les répercussions sur l'enfant d'un problème familial ou d'un événement tragique. Ils ont l'impression d'avoir manqué à leurs devoirs, d'une façon ou d'une autre, envers lui. D'autres parents tentent de compenser le sentiment d'avoir eux-mêmes été négligés dans leur enfance, ou spoliés de ce qu'ils étaient en droit d'attendre. Lorsque leur bébé doit subir un autre stress, même minime, même ordinaire, ils réagissent alors avec trop de précipitation à ses pleurs. Il manque ainsi à l'enfant la possibilité de se mesurer lui-même au problème, d'affronter sa frustration et la nécessité d'effectuer une nouvelle tentative. Il lui manque cette impression de triomphe – « J'y suis arrivé *tout seul*! » –, essentielle à sa future image de lui-même, à son sentiment de compétence. Privé de cela, l'enfant est souvent grognon, fait des histoires et pleure beaucoup.

Ses parents doivent reconsidérer leur attitude. Peut-être la mère le couve-t-elle trop. Sans s'en rendre compte, elle ne lui permet pas de découvrir ses compétences. Elle éprouve des sentiments ambivalents sur les limites dont il a besoin pour se sentir en sécurité. Dans ce type de cas, voici ce que je recommande :

1. Fixez clairement les limites et présentez-les à l'enfant en vous disant bien qu'elles sont pour lui un cadeau, non une punition.
2. Laissez-lui la possibilité d'éprouver un sentiment de réussite personnelle.
3. Proposez-lui, montrez-lui, réclamez même de lui des performances (se calmer de lui-même, s'amuser seul quand il s'ennuie) qui renforceront ce sentiment.

4. Encouragez votre enfant à être fier de son succès. Ne lui dites pas : «Je suis fière de toi», mais : «Tu as vu ce que tu viens de réussir? N'es-tu pas fier de toi?» Il peut même être fier de surmonter sa frustration!

5. En attendant, pour l'empêcher d'avoir l'impression que vous l'abandonnez, prenez-le dans vos bras avec amour quand il n'exige pas votre attention. Vous vous sentirez tous deux plus en sécurité lorsque vous devrez l'inciter à se «débrouiller tout seul».

Bébés «hypotrophiques»

Les nouveau-nés qui pèsent trop peu pour leur taille à la naissance peuvent être des bébés «hypotrophiques». Même si leur mère a eu une grossesse normale, une alimentation suffisante, n'a consommé ni tabac, ni alcool, ni drogue, ces petits enfants présentent souvent un comportement très différent des autres. Ils mettent un peu plus de temps à se réveiller et à se nourrir, et ils affichent en permanence un visage renfrogné. Lorsqu'on les prend dans les bras pour les câliner, ils deviennent très nerveux. Ils remontent bras et jambes dans une position crispée, inquiétante. Tous ces mouvements semblent avoir pour but de les protéger. Ces bébés maigrichons, à l'expression soucieuse, sont souvent dotés d'un système nerveux hypersensible. Si les personnes qui s'en occupent leur parlent d'une voix douce, apaisante, ils s'adapteront peu à peu à la situation. Si vous vous occupez d'un de ces enfants, manipulez-le avec douceur et attendez qu'il se soit détendu avant de le regarder ou de le bercer. Regardez-le, prenez-le dans vos bras ou parlez-lui, mais ne faites qu'une seule chose à la fois.

Vers deux ou trois semaines, ces bébés commencent à pleurer d'une façon très particulière – souvent après des tétées difficiles que les parents essaient de leur donner toutes les une ou deux heures pour les aider à « rattraper ». Ce sont des cris aigus, perçants, exigeants. Quand on leur parle, ils détournent la tête. Lorsqu'un parent tente de les réconforter, ils « recrachent », ont une selle ou le hoquet. Leur visage peut exprimer la colère et le repli sur soi. Les parents ont l'impression que leur bébé leur dit : « Vous ne faites pas ce qu'il faut pour moi. » Tous ces éléments créent en eux un profond sentiment d'échec. S'ils ont la possibilité d'être préparés à ces pleurs et à ce comportement atone difficiles à supporter, ils se sentiront moins rejetés.

Les cris aigus et exigeants peuvent persister pendant trois à cinq heures par jour, depuis l'âge de deux à trois semaines jusqu'à douze à seize semaines. Langez le bébé. Portez-le contre vous. Réduisez les autres types de stimulation. Ces enfants surmontent leurs réactions hypersensibles à mesure que leur système nerveux central devient plus mature. Mais ils restent souvent sensibles et hyperréactifs tout au long de la première année. Les premiers mois sont difficiles pour n'importe quel parent.

Pour ces bébés, je recommande de limiter au maximum les stimulations inutiles. Ils apprécient un environnement tranquille, d'être dans vos bras, d'être emmaillotés, une voix rassurante, un bercement léger, une chanson douce. Leurs cris aigus et exigeants sont éprouvants, mais c'est leur façon de pleurer. Comme ces enfants ne présentent pas les gradations habituelles des pleurs et des réactions corporelles, ils peuvent être très difficiles à déchiffrer. Surtout, faites preuve de patience. Les bébés hypotrophiques que j'ai suivis en tant que pédiatre se sont révélés plus tard des enfants attachants, intelligents et pleins de vivacité, à qui leurs parents avaient laissé le temps de grandir et de se développer à leur propre rythme.

Bloquer sa respiration

Les phases pendant lesquelles un enfant bloque sa respiration surviennent habituellement entre six mois et cinq ou six ans. Au cours de la deuxième année, cela peut lui arriver au beau milieu d'une colère. Il est capable de tenir assez longtemps pour que son visage devienne violacé ou qu'il s'évanouisse. Je reconnais qu'il y a de quoi s'effrayer ! Vous êtes déjà prêts à vous précipiter aux urgences ou à pratiquer un bouche-à-bouche. Mais avant que vous ayez eu le temps de prendre une décision, sa respiration redevient normale et il est de nouveau frais comme une rose. Ces épisodes, lorsqu'ils s'ajoutent à des accès de colère, plongent les parents dans le désarroi et l'affolement. Ils tentent même d'éviter les colères à tout prix – ce qui est presque impossible pendant la deuxième année. Mais l'indulgence envers les caprices d'un jeune enfant ne fait qu'intensifier ses colères.

Si le blocage de la respiration se produit alors que l'enfant se sent particulièrement frustré ou fait une colère, il n'a rien d'anormal et n'exige aucune mesure spéciale. Une attitude calme et rassurante reste le meilleur moyen de lui apprendre à gérer ces explosions.

Mais s'il se renouvelle souvent et ne semble pas être déclenché par des tensions, des frustrations, des transitions ou des limites imposées par le parent, le médecin qui suit l'enfant doit être consulté. Les parents risquent de confondre un blocage involontaire de la respiration avec des convulsions, et il leur faut un avis médical. Un jeune nourrisson qui s'arrête de respirer plus de quinze secondes pendant son sommeil doit être réveillé. Si la respiration ne reprend pas, appelez le Samu et commencez un massage cardiaque spécial pour nourrissons (voir American Heart Association CPR sur le site www.amherst.edu).

Toutefois, chez la plupart des enfants, ces manifestations spectaculaires résultent d'un débordement de colère ou de frustration. Submergé par l'intensité de ses émotions, l'enfant rage ; l'arrêt respiratoire se produit au point culminant de ce comportement désorganisé, et s'il perd conscience, la respiration devrait reprendre aussitôt. Ce phénomène est trop bref pour endommager le cerveau – ce que tout parent redoute. Les épisodes qui terrifient les parents sont habituellement inoffensifs et n'exigent aucun traitement. Mais ils s'avèrent suffisamment éprouvants pour qu'il soit nécessaire au médecin de l'enfant de conseiller et de rassurer le parent qui en a été témoin.

Cauchemars et peurs

Des cauchemars et des peurs nouvelles commencent à apparaître chez les quatre, cinq ans. La phobie (ou peur intense) des chiens qui aboient ou des ambulances qui actionnent leur sirène s'accompagne de peurs apparemment irrationnelles, « sorties d'on ne sait où ». Les cauchemars se peuplent de monstres ou de sorcières cachés sous le lit ou dans la penderie. L'enfant, comme les parents, est complètement pris au dépourvu. Tandis que le premier pleure toutes les larmes de son corps, les seconds s'interrogent : « Où est-il allé chercher tout cela ? »

Ces peurs et ces cauchemars sont prévisibles à cet âge. Ils ne signifient pas forcément que quelque chose a effrayé ou traumatisé l'enfant. Ils peuvent résulter d'un processus de développement. L'enfant commence à prendre conscience de ses sentiments d'agressivité. Quand ils affleurent, il hurle à pleins poumons, se bagarre avec tous ses camarades d'école, triche pour gagner, et se tourmente.

Pourquoi ? Parce qu'il est « méchant ». Son envie irrépressible d'essayer d'être « méchant » suffit à le terrifier : il a peur de lui-même ! Pendant la journée, si on s'apprête à le laisser seul, il affiche une crainte et une vulnérabilité inattendues. Quand le tonnerre gronde ou qu'une voiture de pompiers passe dans un hurlement, il y voit une punition – pour avoir eu envie d'être « méchant ». Sa vulnérabilité se traduit par une peur nouvelle ou par une phobie. Il refusera, par exemple, de passer près d'une maison où un chien aboie.

L'enfant est capable de dominer ses peurs pendant la journée, mais elles vont surgir la nuit, quand il est tout seul. Lorsque vient le moment d'éteindre et de dormir, elles remontent à la surface. Sanglotant, roulé en boule, il s'agite sous ses couvertures. « Ne me laisse pas ! Elle va venir me chercher ! – Mais qui donc ? – La sorcière ! – Quelle sorcière ? – Celle qui a des dents pointues et de grandes griffes ! – Ne me dis pas qu'elle est dans ta chambre ? – Si ! Si ! Quand tu auras éteint, elle sortira de sa cachette ! »

Les peurs et les pleurs nocturnes

Pour aider un enfant à surmonter les peurs nocturnes, vous pouvez recourir à plusieurs stratégies.

1. Regardez sous le lit avec lui.
2. Ouvrez la porte de la penderie pour lui montrer qu'il n'y a personne.
3. Câlinez-le encore une fois pour le rassurer.
4. Ne vous moquez pas de lui.
5. Asseyez-vous près de son lit pour lui chanter une berceuse et l'apaiser. Proposez-lui son «doudou» pour se réconforter.
6. Laissez une veilleuse allumée, ou un peu de lumière dans le couloir.
7. Demandez-vous pourquoi ces peurs sont apparues subitement.
8. Vérifiez à l'école ou auprès des personnes qui le gardent qu'il n'a subi aucun traumatisme.
9. Soyez attentifs à ses crises d'agressivité. Au lieu de le gronder, montrez-lui qu'il se donne beaucoup de mal pour se dominer. Encouragez-le à jouer et à exprimer ses sentiments pendant la journée. Poupées, marionnettes et petits personnages l'y aideront.
10. Donnez-lui la possibilité de vous imiter. En vous voyant maîtriser vos propres

sentiments d'agressivité, il «apprendra» à gérer les siens sans dégâts. Dites-lui, par exemple : «J'avais envie de taper sur cette dame qui m'a empêchée de passer dans le magasin. Mais je me suis retenue. En sortant, j'ai hurlé un tas d'horreurs dans ma tête pour me soulager. Tu n'as jamais envie de faire pareil?» Rien ne garantit qu'il vous répondra. Mais ses grands yeux observateurs vous feront savoir que c'est enregistré.

11. Lâchez un peu de lest, mais ne changez pas les règles du jeu. Vous devrez de nouveau définir les points sur lesquels vous ne céderez pas. Attendez-vous à une période un peu houleuse et passez sur les petites choses. Mais quand l'intensité de son agressivité l'effraie, votre enfant a plus que jamais besoin de discipline : «Je dois t'empêcher de faire cela, t'en empêcher chaque fois, jusqu'à ce que tu sois capable de t'en empêcher tout seul.» La discipline, lorsqu'elle est juste et que l'enfant la connaît, est rassurante en de telles circonstances.

12. Ses peurs et ses cauchemars vont décroître à mesure qu'il apprendra à gérer plus confortablement sa «méchanceté» (ses sentiments d'agressivité). En attendant, pendant quelques mois, la fragilité qui accompagne cet apprentissage causera des pleurs imprévisibles.

Colères

J'ai appris avec le temps qu'une colère est une affaire qui concerne l'enfant, non les parents. Nous devons lui laisser le soin de la régler. « Je fais une colère ou non ? En ai-je envie ou non ? » La cause immédiate d'un tel déchaînement paraît insignifiante aux parents ou les prend de court. Or elle a visiblement un sens pour le jeune enfant. Sous les cris et les trépignements de votre bambin de deux ans se cache souvent le sentiment d'être déchiré entre le désir d'acquérir son indépendance et la terreur que suscite cette perspective.

Les parents se sentent sans recours lorsqu'ils sont incapables de maîtriser l'enfant, et à deux doigts de ne plus se dominer non plus. La maltraitance d'enfants dans leur deuxième année résulte des sentiments que ces colères suscitent chez les parents. Quand elles se produisent dans un lieu public, comme c'est le plus souvent le cas, ils ont l'impression de passer pour de « mauvais parents ». Incapables d'aider l'enfant ou de l'empêcher de hurler et de se débattre, ils se sentent impuissants, incompétents, voire coupables – un sentiment encore aggravé par les regards réprobateurs des témoins. J'ai découvert, quant à moi, que le meilleur moyen de mettre fin à la crise consiste à tourner les talons. Dès que vous vous éloignez (si l'enfant ne risque rien) ou vous désintéressez de lui, sa colère perd sa raison d'être. Vous lui dites en effet : « Tu es capable de te débrouiller seul. »

Puis, une fois la tourmente apaisée, revenez le chercher et serrez-le dans vos bras en lui disant : « C'est terrible d'être tellement en colère, n'est-ce pas ? » Il saura ainsi que vous l'acceptez tel qu'il est. Vous pouvez même comprendre l'état de confusion intérieure dans lequel il se trouve. D'une certaine façon, vous lui dites aussi : « Je voudrais pouvoir t'aider, mais je ne peux pas. » Car il doit apprendre à décider par lui-même, et non à dépendre d'un parent pour le faire à sa place. Il est pris entre un désir et son inverse, veut les deux mais ne peut en satisfaire qu'un. Les parents sont désorientés, car les choix de l'enfant ne semblent pas assez importants pour entraîner de pareilles déflagrations. En prenant vos distances pour le laisser reprendre le contrôle de lui-même, vous l'encouragez en quelque sorte à s'autocalmer – par exemple avec un doudou, ou son pouce. Quand il découvrira qu'il est capable de maîtriser ces sentiments, il se sentira moins à leur merci.

À deux ans, l'enfant commence à se rendre compte du pouvoir de ses exigences. Ses colères deviennent encore plus spectaculaires. À son sentiment d'avoir à choisir entre deux décisions – source de ses hurlements pendant l'année où il a appris à marcher – s'ajoute la volonté de réussir à attirer un adulte en criant suffisamment fort et longtemps. Quand vous l'entendez se mettre en voix, observez ses yeux. Jusque vers deux ans, sa détresse est restée interne. Ses yeux l'exprimaient. Il n'appelait pas «à l'aide». Mais un enfant de deux ans utilise ses yeux pour «vérifier» l'effet qu'il produit sur son entourage. Un parent avisé choisira de ne pas se précipiter. Enjoignez-lui plutôt d'exploiter ses propres ressources pour se débrouiller. Encouragez-le à prendre son doudou ou un jouet pour se réconforter entre les orages, afin qu'il soit prêt à le faire au moment où il en aura vraiment besoin. Quand il saura gérer ses contrariétés et les résoudre, il aura beaucoup appris sur le contrôle de soi.

Les parents se demandent s'ils peuvent éviter les colères en minimisant le problème avant que l'enfant perde le contrôle de la situation. L'humour et le choix des sujets d'affrontement jouent un rôle important. Mais votre enfant saura forcément quand vous le protégez, et il se sentira ébranlé au moment où il aura besoin de vos encouragements pour résoudre seul son problème. Un excès de précautions n'aidera pas un jeune enfant à apprendre à gérer la prise de décision difficile qui provoque les colères. Ce pas vers l'indépendance est le défi le plus important pour un enfant au cours de la deuxième et de la troisième année.

Peur de l'indépendance

Au cours de la deuxième année, le conflit entre la dépendance et l'autonomie suscite un type particulier de pleurs. Tout changement brusque suffit à les déclencher – quand vous habillez votre enfant pour sortir, ou quand vous lui enlevez son manteau en rentrant. Lorsqu'il va chez sa grand-mère ou à l'école, dans des endroits qu'il connaît bien et qu'il aime, il s'accroche à vous et se met à pleurer si on veut l'arracher à votre présence. Vous vous demandez ce qui le rend soudain si fragile, si dépendant. Vous croyiez qu'il adorait les lieux nouveaux, en tout cas ceux qui lui sont familiers. Pourquoi s'effondre-t-il à l'idée de sortir ? Même quand vous venez le chercher, il pleure et ne maîtrise plus la situation.

Comment expliquer ce nouveau comportement ? Un conflit affleure chez le jeune enfant qui devient plus indépendant. Son besoin d'aller de l'avant lui donne le sentiment d'être vulnérable : « Je suis si petit ! » Mais regardez-le se pavaner quand il a remporté une victoire et qu'il peut surmonter les hésitations que lui inspire son besoin d'indépendance. Il aura besoin de son pouce et de son doudou pour affronter ces défis.

Pleurnicher

Entre deux et cinq ans, un enfant qui s'ennuie ou ne sait pas s'amuser devient grognon. Il s'aperçoit vite que ses geignements exaspèrent ses parents. S'il se sent triste ou en colère, ou s'il s'ennuie, pleurnicher le soulage. Le parent s'en mêle : victoire ! il ne s'ennuie plus. « Maman, viens, je veux que tu viennes... » La mère va se sentir envahie par une sainte colère et répondre, excédée : « Arrête ! Je ne supporte pas de t'entendre gémir ! » Je me souviens que mon frère cadet et moi pleurnichions à qui mieux mieux jusqu'à ce que ma mère explose. Ce petit jeu devint vite une fin en soi. Mais si le parent réagit, pleurnicher peut aussi devenir un moyen d'obtenir quelque chose.

Comment décourager les pleurnicheries

1. Essayez de dissiper l'ennui de votre enfant en lui fixant un « rendez-vous » pour jouer ensemble ou en prévoyant une distraction. Mais rappelez-lui aussi qu'il sait s'amuser seul. Il aura sans doute besoin de votre aide pour trouver des idées de jeu. (Ne comptez pas sur la télévision pour le faire.)

2. Faites-lui prendre conscience de son comportement en attirant son attention au moment voulu : « Regarde, tu pleurniches. »

3. Ne répondez pas à ce qu'il vous dit quand il pleurniche. Faites-lui comprendre que ce qu'il veut vous dire vous intéresse, mais qu'il doit vous le dire sans pleurnicher.

4. S'il continue, quittez la pièce. Mais faites-lui savoir que vous ne l'abandonnez pas : « Quand tu auras fini de pleurnicher, je reviendrai. »

5. Quand il s'arrête, prenez-le dans vos bras et serrez-le fort contre vous. Mais ne récompensez pas le pleurnichement.

6. Gérez votre colère et votre exaspération ailleurs. Ce serait trop gratifiant pour lui de vous voir « craquer ».

7. Assurez-vous toujours qu'il n'est pas grognon parce qu'il est malade ou a mal quelque part.

Séparations

Il est terriblement difficile de quitter un enfant qui vous regarde, le pouce dans la bouche, les yeux tristes, le visage tiré, les épaules affaissées. Ses pleurs à ce moment précis ont quelque chose d'atone, de plaintif. L'enfant sait déjà que la détresse l'envahira quand vous partirez. Il connaît la vôtre. Le parent sent sa détermination flancher. Non seulement les pleurs de l'enfant, mais l'ingéniosité qu'il déploie pour retarder l'instant de la séparation – refusant qu'on l'habille ou qu'on le nourrisse – le démolissent. Une mère m'a raconté que son enfant se déshabillait sur le chemin de l'école. Il arrivait nu pour retarder la séparation.

Comment gérer les séparations

1. Préparez toujours l'enfant – même si ses protestations vous font mal au cœur : « Tu vas être dans ton école, et moi à mon travail. Je reviendrai à la fin de la journée, nous dînerons ensemble et nous lirons une histoire. Tu vas me manquer, et je sais que je vais te manquer aussi. »

2. Promettez-lui de revenir à une heure précise, que vous savez pouvoir respecter.

3. Quand les pleurs et la résistance commencent, serrez-le contre vous pour le faire monter dans la voiture ou l'autobus, ou à la porte de la crèche. Surtout encouragez-le à se réconforter avec son pouce et son doudou. « Tu peux serrer très fort ton doudou pour le consoler. »

4. Parlez de sa tristesse à sa maîtresse ou aux puéricultrices afin qu'une personne qu'il connaît et en qui il a confiance soit prête à le prendre dans ses bras.

5. Demandez à sa maîtresse ou à sa puéricultrice préférée de l'amadouer et de lui confier une tâche qui l'intéresse.

6. Restez quelques minutes avec lui pour l'aider à faire la transition, mais en lui disant fermement que vous partirez à l'heure dite. (Au début, je conseille de rester jusqu'à ce qu'il se soit habitué à

son nouvel environnement.) Votre détresse à l'idée de le quitter, même si vous n'en parlez pas, risque de lui faire croire que vous n'avez pas vraiment confiance dans les personnes à qui vous le laissez – ajoutant la crainte à sa tristesse.

7. À votre retour, rappelez-lui votre promesse en soulignant que vous l'avez tenue (« Papa revient toujours »). Parlez-lui des câlins et des histoires qui l'attendent, du temps que vous lui avez promis de passer ensemble. Vous pouvez même l'encourager à utiliser ce qu'il sait maintenant pour la prochaine séparation : « Quand je serai obligé de partir demain, rappelle-toi que je reviens toujours. »

8. Félicitez-le d'être capable de vous laisser partir. Dites-lui que vous savez qu'il est inquiet, mais que tout le monde à l'école l'aime aussi, et que vous ne le laisserez jamais plus longtemps que vous ne le lui avez promis.

9. Quand vous êtes ensemble, essayez des jeux qui l'aideront à se rappeler que vous êtes encore quelque part même s'il ne vous voit pas. Jouer à « coucou-le-voilà », cache-cache ou « tu es froid-tu brûles ! » exerce l'enfant à garder votre image avec lui, même en votre absence.

Tristesse

La dépression survient à tout âge. Elle délivre un message : «Je ne reçois pas ce dont j'ai besoin.» Quand un bébé n'est pas «dans son assiette» et paraît simplement irritable et triste, il est temps de chercher ce que cache son comportement. Il manque d'appétit ou dort mal. Vous le trouvez éveillé, les yeux ouverts, le regard dans le vide. Ou bien il est agité et rien ne le réconforte. Il peut aussi se montrer apathique, vite fatigué, se désintéresser de ses jouets ou des objets qui l'entourent, ou au contraire réagir à tout avec irritation. Ces symptômes accompagnent habituellement une perte, une séparation, un sentiment d'échec. Ils expriment aussi le sentiment de n'être «bon à rien». L'enfant peut également souffrir d'un trouble physique qu'il convient d'identifier et de traiter.

Comment aider un enfant triste

1. Serrez-le dans vos bras, bercez-le, chantez-lui souvent des chansons.
2. Parlez-lui et soyez attentifs à ses demandes ou à ses arguments. S'il pleure, partagez sa tristesse.

3. Essayez d'en comprendre la véritable cause. Écoutez-le. Parlez avec les personnes qui s'occupent de lui.

4. Ne manquez pas une occasion de nourrir son estime de lui-même.

5. Réservez-lui des moments rien que pour lui, et faites-y allusion souvent.

6. Si les symptômes persistent et que vous ne parvenez pas à l'aider, consultez un psychologue qui procédera à une évaluation.

BIBLIOGRAPHIE

BARR, R.G., HOPKINS, B., et GREEN, J.A., «Crying as a sign, a symptom, and a signal : clinical, emotional, and developmental aspects of infant and toddler crying», *Clinics in Developmental Medicine*, Londres, MacKeith Press, n° 152, 2000.

BARR, R.G., St. JAMES-ROBERT, I., et KEEFE, M.R., *New Evidence on Unexplained Early Infant Crying : Its Origins, Nature, and Management*, Skillman, New Jersey, Johnson and Johnson Pediatric Institute, 2001.

—, *Early Infant Crying : A Parent's Guide*, Skillman, New Jersey, Johnson and Johnson Pediatric Institute, 2001.

BRAZELTON, T.B., «Crying in infancy», *Pediatrics*, vol. 29, 1962, p. 579-588.

—, *Touchpoints : Your Child's Emotional and Behavioral Development*, Cambridge, Massachusetts, Perseus Publishing, 1991. Trad. fr. : *Points forts*, vol. 1 : *Les Moments essentiels du développement de votre enfant*, Stock, 1993.

— et SPARROW, J.D., *Touchpoints Three to Six : Your Child's Emotional and Behavioral Development*, Cambridge, Massachusetts, Perseus Publishing, 2001. Trad. fr. : *Points forts*, vol. 2 : *De trois à six ans : le développement émotionnel et comportemental de votre enfant*, Stock, 2002.

LESTER, B.M., et BOUKYDIS, C.F.Z., *Infant Crying : Theoretical and Research Perspectives*, New York, Plenum Press, 1985.

LESTER, B.M., BOUKYDIS, C.F.Z., GARCIA-COLL, C.T., HOLE, W., et PEUCKER, M., « Infantile colic : acoustic cry characteristics, maternal perception of cry, and temperament », *Infant Behavior and Development*, vol. 15, 1992, p. 15-26.

STERN, D.N., *Diary of a Baby*, New York, Basic Books, 1989.

— et BRUSCHWEILER-STERN, N., *The Birth of a Mother : How the Motherhood Experience Changes You Forever*, New York, Basic Books, 1998. Trad. fr. : *La Naissance d'une mère*, Odile Jacob, 1998.

WOOLF, A., SHANE, H.C., et KENNA, M.A. (dir.), *The Children's Hospital Guide to Your Child's Health and Development*, Cambridge, Massachusetts, Perseus Publishing, 2000.

ZESKIND, P.S., et BARR, R.G., « Acoustic characteristics of naturally occurring cries of infants with "colic" », *Child Development*, vol. 68, n° 3, juin 1997, p. 394-403.

QUELQUES SITES INTERNET POUR PLUS D'INFORMATIONS

• American Academy of Child and Adolescent Psychiatry
www.aacap.org

• American Academy of Pediatrics
www.aap.org

Sur le syndrome de la mort subite inexpliquée du nourrisson

• American SIDS Institute
www.sids.org

• National SIDS Resource Center
www.sidcenter.org

• Sudden Infant Death Syndrome Network
www.sids-network.org

Sur la dépression postnatale

• Depression After Delivery, Inc.
www.depressionafterdelivery.com

• National Institutes of Mental Health
www.nimh.nih.gov

• American Psychiatric Association
www.psych.org

Sur le massage des nourrissons

• Touch Research Institutes
www.miami.edu/touch-research

Pour les parents au bord de la crise de nerfs

• Parents Anonymous
www.parentsanonymous.org

REMERCIEMENTS

Nous aimerions remercier Richard et Tivia Kramer, ainsi que les résidents de la Harlem Children's Zone, qui nous ont vivement encouragés à concevoir ce petit guide concis et accessible sur un sujet de la plus extrême importance pour tous les parents ; sans leur initiative et leur intuition, il n'aurait peut-être jamais été écrit. Merci aussi à Geoffrey Canada, Marilyn Joseph, Bart et Karen Lawson, David Saltzman et Caressa Singleton pour le soutien indéfectible qu'ils apportent à nos travaux et pour nous avoir tant appris. Comme toujours, nous tenons à remercier notre éditrice, Merloyd Lawrence, pour la sûreté de son jugement et ses conseils. Enfin, toute notre gratitude va à nos familles pour leurs encouragements et leur patience, mais aussi pour ce qu'elles nous ont appris – que nous avons voulu transmettre dans ce livre.

Cet ouvrage a été réalisé en Bookman par Palimpseste à Paris

Achevé d'imprimer en janvier 2004
sur presse Cameron
par ***Bussière Camedan Imprimeries***
à Saint-Amand-Montrond (Cher)
pour le compte des Éditions Fayard

35-57-1989-9/01

ISBN 2-213-61789-9

Dépôt légal : février 2004.
N° d'Édition : 41831. – N° d'Impression : 040239/1.

Imprimé en France